巨額年金消失。
AIJ事件の深き闇

元AIJ企画部長
九条清隆
Kiyotaka Kujo

角川書店

巨額年金消失。ＡＩＪ事件の深き闇

はじめに

まず、ＡＩＪ投資顧問に在籍していた一人の従業員として、被害にあわれた年金基金の皆様方に、深くお詫《わ》び申し上げたい。浅川和彦の下で働きながら、私はその犯罪にまったく気付かず、事件が10年の長期にわたって続くことを許してしまった。それについてはなにも弁解することはできない。浅川の犯罪になぜ気付かなかったのか？　なぜ見逃し続けたのか？　いまだに自問自答し、苦悩する日々が続いている。

事件発覚当初は、組織ぐるみの犯行ではないかと疑われもした。そんな見方を覆す明確な方法が思い浮かばなかった。私が必死に事実を説明すればするほど、保身のために自己弁護をしているとしか受けとめられなかっただろう。

ＡＩＪ投資顧問が扱っていたのは、上場されている日経平均と日本国債の先物・オプションである。それを粉飾する方法があるとは、私は夢にも思わなかったのだ。

事件が発覚した２０１２年２月24日の前夜、浅川から「運用資産について疑義がかけられ１ヶ月の業務停止命令を受ける」と聞かされた。それほど深刻そうな様子でもなかったので、余資運用で保有していた未公開株と米国生命保険証券ファンドについての問題だと自分なりに解釈した。

ところが、翌日の報道を見て強烈な衝撃を受けた。暫《しばら》くの間、何のことだかまったく理解できなかった。２０００億円が消えるということが、現実に起こりうるのか？

その日に金融庁に呼ばれた浅川は、それ以降、３週間ほどオフィスに全く姿を現さなかった。寸暇を惜しんで働き、社員から信頼の厚かった社長が、これだけのことを起こしながら、世間にひとことのメッセージすら発せずに、従業員を置き去りにして逃げたのだ。事件の衝撃もさることながら、この落差に従業員一同愕然《がくぜん》とした。

残された従業員は、過去の売買損益の照合作業を進める中で、少しずつ事件を理解していく状態だった。その間、自宅・会社でマスコミに追い回され、しかし何も知らないのだからコメントすることもできず、精神的に追い詰められた。

３月21日に従業員全員が解雇されたときには、正直なところほっとしたほどだ。

４回の国会参考人招致および証人喚問で、浅川はこう繰り返した。

「だまそうと思っていない」

「一生懸命やった」

「取り戻せると思っていた」

それを聞いて、不快感や違和感をもたれた方も多かったと思う。これはその昔に証券営業マンが、損をさせた個人投資家相手に説明に使った言葉だ。浅川にとって年金基金は個人投資家と同じ扱いだったのだと思う。昔の営業感覚で投資運用業を行っていたとしか考えようがない。

そんな人物が投資顧問会社を経営し、海外私募投信を悪用してしまったのだ。

浅川は普段の仕事や生活において「嘘」「ごまかし」を極端に嫌っていた。そんな男が事件を起こし、10年間も平然と隠し続けていたことは、驚き以外のなにものでもない。なぜ、勇気を出して最初から損失を正しく報告してくれなかったのか、残念でならない。

日本の金融史に残るであろう忌まわしい事件の現場に私はたまたま居合わせ、知らぬうちに犯罪の片棒を担がされていた。いまだ事件は捜査中であるが、私は自分が見聞きし、体験した事実を書き残しておくべきだと思った。そんなことに何の意味があるのか？　ただの弁明ではないかと言われたら、返す言葉はない。

しかし、ＡＩＪ事件が暴き出してしまったこの国の闇はあまりに深いと思う。それは浅川という一人の人間を処罰しただけでは片付けられない、重い業とでも言うべきものだ。
なお、事件に無関係な人名、固有名詞は一部仮名とした。個人の特定を避ける必要がある場合、エピソードの一部を改変している。

元ＡＩＪ投資顧問企画部長
九条清隆

目次

第四章 年金基金というカモ

第五章 終幕へ

装丁　國枝達也（角川書店装丁室）

第一章

発覚

突然の招集

２０１２年2月23日、木曜日。

いつものように6時半に出社し、昨晩の金融市場の動向を整理していると、内線電話の赤いランプが点滅した。

「ちょっといいか」

社長の浅川だった。

浅川の「ちょっといいか」とは、「社長室に来てくれ」ということだ。週に一度ぐらいこういう電話があるのだが、年金基金との会合や外交のスケジュール調整、その内容の打ち合わせといった用件がほとんどだ。さもなければゴルフか食事の誘いだ。

短い廊下を通り、社長室に向かう。

社長室は20畳ほどだろうか。奥に浅川のデスク、右には秘書の高橋のデスクが、手前には応接セットがある。絵がかけられているわけでもなく、デスクに家族の写真があるわけでもない。浅川のデスクの横にゴルフバッグがおいてあるだけの殺風景な部屋だ。

「きょう外交入ってたよな」

ドアを半分開けたか開けないかのうちに奥のデスクのほうから、浅川の声が聞こえた。

「はい。昼に池袋の年金基金です」

「5時には会社にいてくれ」


話はそれだけだった。

開けたドアを閉める間もなく話は終わり、私はそのままデスクに戻った。

「なんだ、それだけのことなら電話で言ってくれればいいのに」

もっとも浅川は「水曜の外交はお前が行ってくれ」というだけの指示でも、わざわざ電話で社長室まで呼び出すのが常だったから、特にそれ自体は珍しいことではない。

5時に何の用があるのか、嫌な予感を抱きながら自分の席に戻り、企画部でデスクを並べる新庄《しんじょう》に声をかけた。

「なあ、5時にいてくれって。聞いてるか?」

「やはり来ましたか」

新庄はそれだけ答えて、もうひとりの女性事務員に、

「今日、5時集合だから」

と声をかけると、そのまま自分のモニターに向きあった。

浅川が従業員全員をわざわざ会議室に集める、ということはこれまでに一度もなかったことだ。そういえば、なんとなく週のあたまから、いつもより新庄の口数が少ないことを思い出した。

「新庄は検査のことでなにか聞いているのだろうか？」

そんなことがふと頭をよぎった。

実はこのとき、ＡＩＪ投資顧問は金融庁の検査を受けている真っ最中だった。

正確に言えば証券取引等監視委員会の臨店検査である。金融庁のこうした検査には、いくつかの種類があるのだが、今回ＡＩＪ投資顧問が受けていたのは通常の「証券検査」と呼ばれるものだった。あらかじめ、書類の虚偽記載、損失補塡《ほてん》、相場操縦、インサイダー取引など、「不正」の疑いがある場合は「犯則調査」と呼ばれ、これは捜索、差し押さえなどもともなう強制調査になる場合がある。

そのときＡＩＪ投資顧問で行われていたのは、犯則調査ではなかった。なにか疑わしいことがあっての検査ではない。金融庁検査は証券取引等監視委員会と財務局で協力して行われ、対象機関は銀行、証券会社はもちろん、投資顧問会社、金融商品仲介業者、信用格付け業者、投資法人等に対して行われる。

「投資顧問会社」と一口に言うが、実際にはふたつの仕事がある。ひとつは投資助言業で、つまり投資家の顧問として投資のアドバイスを行うものだ。場合によっては具体的に「いつどの株をいくらで買え」といった指示を出して、それで利益が出れば成功報酬を得る、という形態もある。この場合、証券会社への発注は投資家自らが行う。

もうひとつが投資運用業と言われる仕事だ。これは顧客との間に投資一任契約を結び、顧客の資金を預かって実際に運用する、というもの。

ＡＩＪ投資顧問は、後者の「投資運用業」を行う会社だった。

証券取引等監視委員会が２０１１年度に行った検査は、金融商品取引業者が全部で１４８件、うち投資助言・代理業者が40件、投資運用業者が９件である。この９件のうちの６件が証券取引等監視委員会の臨店検査によって行われた。そのうちの１件がＡＩＪ投資顧問だったのである。

ＡＩＪ投資顧問は設立以来、これまで一度も証券取引等監視委員会の検査を受けていなかった。すでに、「ビジネスパートナー」である階下のアイティーエム証券には過去二度検査が入っており、ごく最近、２００９年2月に行われた検査でも特別に指摘された点はなく、もちろん告発も行政処分勧告も、問題点の指摘もなく無事に終わっていたという。

これまでの検査は、主に一般の個人投資家を顧客とする投資助言を行う会社を優先して行われてきたようで、どちらかというとプロの投資家を顧客とすることが多いＡＩＪ投資顧問のような投資運用を行う会社は、後回しになっているとも言われていた。

金融庁がＡＩＪ投資顧問を訪れたのは1月23日だった。

それ以来、総勢6名の検査官は狭い会議室にデスクトップ型のパソコンを持ち込み、毎日律儀に書類の検査を続けていた。検査対象になるのは、購入時に顧客とかわす書類一式、定期的に顧客に送付する運用報告書、信託銀行からの信託財産運用状況報告書などだ。検査官から「これをお願いします」と依頼があるものを、こちらが用意して会議室に運ぶと、「預かり明細書」がそのつど両者の立ち会いで丁寧に作成される。

検査官6名は毎日9時出社で黙々と作業を続け、5時にはきっちり終わって静かに帰っていく。ＡＩＪ投資顧問の社内では、そんな日常がもう1ヶ月も続いていたのだ。

検査中といっても会議室がひとつ使えなくなったのと、検査官の問い合わせなどの「窓口係」に任命されていた新庄が、ときどき対応していたくらいなので、別に社内に大きな変化はない。

「ＩＣカードが6人に1枚じゃあちょっと気の毒だなあ」

私はそんなことを思いながらのんきに見ていた。社内への入室はＩＣカードをかざす必要があり、従業員は全員が1枚ずつ持っているが、ゲスト用は1枚しかない。検査官6名は、1枚のカードを使い回して、トイレに行ったり、昼食を食べに出たりしていたのだ。

淡々とした検査が続くなか、浅川はあいかわらず忙しく外交にでかけていた。新規顧客へのプレゼンテーションも多く、ホワイトボードはファンドの買い付け予定でつぎつぎに埋まっていった。

ただ、通常ならば1～2週間で終わると聞いている検査が、3週間たっても終わらないのが少しばかり気にはなっていた。社長の浅川が忙しく、検査官が「社長にお話を聞きたい」と言っても留守ばかりで、多少検査官のほうがいらついている気配も感じていた。

実際浅川のスケジュールは過密だった。顧客へのプレゼンテーションが同じ日に重なり、私が浅川の代理としてかり出されることも多くなっていたのだ。

「社長は検査が入っていてもおかまいなしだな」

「少しは相手をしてあげたらいいのに」

「社長がつかまらないせいで検査が長引いているんじゃないか?」

社内からそんな声もちらほら聞こえた。

そして、検査もかまわず外を飛び回る浅川に検査官もさすがに業を煮やしたのだろう。

2月上旬、検査官から「しばらく外交を取りやめて集中的に検査に対応してほしい」という要請があった。すでに決まっていた浅川のスケジュールは、そのまま私に振られることになる。当時のスケジュールを見ると、15日富山日帰り、翌日広島日帰り、21日静岡日帰り、翌日岐阜日帰り、と地方の年金基金を訪ね、新規採用をめざして代議員会での説明を重ねていた。

おかげで私はいつになく忙しい日々を送っていたのだが、気付けば検査が始まってからすでに1ヶ月が過ぎていたのだ。

浅川の「招集」が、長引いている検査となにかしら関係があるのかもしれない、と私が感じたのは、そうしたわけだった。

「検査でなにか問題が出たのだろうか」

そんなことをふとデスクで考えはしたものの、じきに出かける時間になった。

昼からは浅川の代理で、池袋にある年金基金の常務理事との打ち合わせがある。外は激しい雨が降っていた。AIJ投資顧問の営業、販売部隊であるアイティーエム証券の営業マン・峰岸《みねぎし》とふたり連れ立って、池袋の年金基金に向かった。この基金は3月上旬に代議員会を開き、AIJ投資顧問の増額が議題にのせられることになっていた。アイティーエムの営業マンが、こまめに通いつめ、ようやくここまでこぎ着けたのだ。

「いやあ、ひどい雨の中をご苦労様」

笑みを浮かべて常務理事がオフィスに招き入れてくれる。

常務は非常に好意的で、アイティーエム証券の峰岸とＡＩＪ投資顧問をすっかり頼るようになっていた。

「今日はＡＩＪの人間をつれてきました。運用方法や過去の実績、運用の手法などについてもなんなりとご質問ください」

「ＡＩＪ投資顧問の九条《くじょう》でございます。私ども企画部はお客様への四半期報告書、オプションション運用の営業資料を作っております。どうぞよろしくお願いします」

挨拶《あいさつ》をすませると常務は、

「ことしもなんとか順調に着地できそうですね」とニコニコしながら話しだした。

「10％は無理かもしれませんが、6〜7％くらいはだいじょうぶそうです」

「いやや、それだけでも十分すぎる。こんな状況のなか、本当にＡＩＪさんのおかげで助かっている。来月の代議員会でのプレゼン、よろしくお願いしますよ」

次回プレゼンの内容や時間などの打ち合わせは簡単にすんだ。

「じゃあちょっと飯いきましょうか」

常務の行きつけのうどん屋に3人で出かけて食事をすませたあとは、近くの喫茶店でコーヒーを飲んだ。

「たぶん3月のプレゼンでは決まるだろう」という期待感もあり、浅川の「招集」のことなどまったく忘れていた。

帰りの電車の中、アイティーエム証券の峰岸との会話もいつも通りだった。

「どうでしょうねえ、決めてくれますかねえ」

「だいじょうぶなんじゃないか？　しかし常務はすっかり君を信頼してるね」

「ええ、とてもＡＩＪを頼りにしてくれています。それに常務は気さくで感じがいいし、ほんとに助かっていますよ」


厚生年金基金は、ＡＩＪ投資顧問最大の顧客だった。

その膨大な資金を預かり、運用して利益を挙げることがＡＩＪ投資顧問の「使命」でもあるのだ。年金基金の資金規模は非常に大きい。信託報酬だけでもかなりの額になるが、うまく運用して着実に利益を挙げれば、基金の理事はもちろん基金に加入する多くの企業、そして将来年金を受給する社員たちも喜んでくれるはずである。

私はこうした仕事に、なんの疑問も感じていなかった。

当時、ＡＩＪ投資顧問のファンドはその運用率の良さが不審がられるほど、安定した利益を挙げていた。しかし、私の目から見て、その利益に「不自然さ」は感じとれなかった。資金を「オプションの売り」で運用するＡＩＪ投資顧問の手法ならば別に不思議はない。ただ、リーマン・ショックと東日本大震災をうまく切り抜けられたのは「運」が大きく味方してくれたのだろうと感じていた。

「ＡＩＪはすごい」「いくらなんでもすごすぎないか？」という評判を耳にしても、「プロがやればこのくらいの利益は当然だろう」と感じていた。「すごい」などと言うのは素人で、「すごすぎておかしい」などと言うのは、やっかみというものだろう。私とて運用のプロのはしくれのつもりだったのだ。だからこそ、私は自信を持って顧客にその安定した業績を示して、営業マンのサポートを続けていた。

その日の営業も、そうした日常となにひとつ変わらなかった。

業務停止命令

社に戻って仕事をしているうち、夕方になった。

「5時だな」

誰ともなしに席を立ち、短い廊下を通って社長室横の会議室に向かう。

この会議室は、社長室と運用部の間にあり、普段は「AIJの福利厚生の一環」と自嘲《じちょう》気味に呼ばれる「社内宴会」が開かれる場所でもある。

出張やプライベートで海外にでかけたとき、まとめ買いしてきた高級ウィスキーを浅川を囲んで従業員一同が「お相伴」するというものだ。

普段は大きなテーブルに、ウィスキーやつまみが並び、夕方残っていた社員が三々五々集まってくる簡易立食形式だが、その日は様子が違った。

すでに浅川が着席しており、社員たちも椅子に座るように促された。椅子が足りないものは部屋から持ってきて座った。

運用部の人間が1、2名欠けていたがほぼ全員、10名ほどがテーブルを囲んで座った。

いきなり浅川が口を開いた。

「1月23日以来続いていた監視委員会の検査のことだが、実は運用資産の内容の一部に疑義が生じ、1ヶ月の業務停止命令を受けることになった」

一瞬の沈黙が支配した。いあわせた者のほとんどが息を呑《の》み、何人かが口を開こうとしたが、すぐに浅川が続けた。

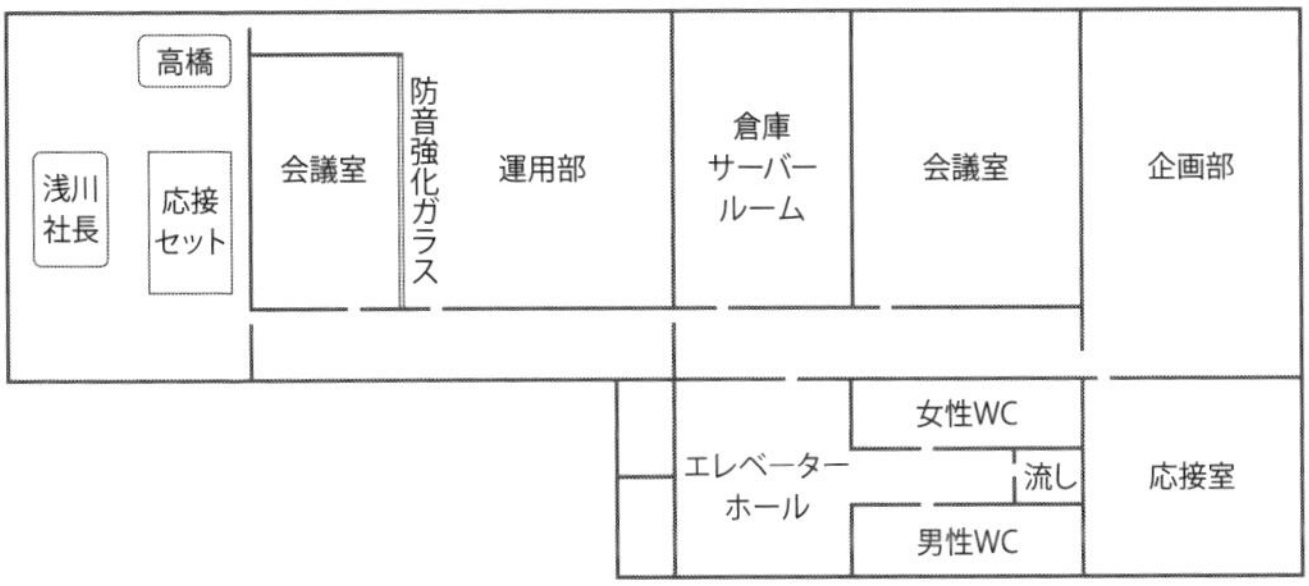

AIJ投資顧問レイアウト

「業務停止の期間中1ヶ月は、新規の契約、解約を行うことはできない。顧客からの問い合わせは、専用の番号を用意するからその番号で受けるように。とにかく会社自体に心配なことはないから」

新庄が立ち上がって、ファックスの束を取り出し、全員に1枚ずつ配り始めた。

そこには、たった今、浅川が話した通りの内容が顧客向けに書かれていた。

「○○○厚生年金基金　御中」

平素はひとかたならずお世話になっております。

1月23日以来、法令に基づく金融庁／証券取引等監視委員会による証券検査が行われました。

その結果、私どもAIJ投資顧問株式会社が運用する資産の内容について疑義が生じ、一ヶ月の業務停止命令を受けることになりました。

この間、新規ご契約、ご解約は受けかねます。

皆々様にはたいへんなご迷惑おかけいたしますことを、深くお詫びいたします。

なお、この件についてのお問い合わせは、以下専用番号までお願いいたします。

03-××××-××××

〒103-0027
東京都中央区日本橋2-2-6
株式会社　AIJ投資顧問
代表取締役社長　浅川和彦

その紙を手にしたまましばらく、なにが起きているのかがよくわからなかった。


「業務停止？？」

「1ヶ月？？」

「疑義が生じた？」


頭の中に、断片的な言葉が繰り返し浮かんだ。ほかの社員も同様だっただろう。

一瞬の静寂の後に、やがて、あちこちから声が上がった。

「どういうことなのですか！」

「疑義？」

「書類上の不備ですか」

不安といぶかしさともどかしさから、社員たちの声が少しずつ大きくなっていく。

新庄が、ほかの社員の疑問を代弁するように硬い声で質問を始めた。手にはメモを持っている。

「社長、業務停止命令の直接の原因はどういうことなのでしょう」

「今は話せない」

「なんらかの損失隠しのようなことがあったのですか」

「それも詳しく話せない」

「業務停止後はどうなるのですか」

「ともかく会社の財務基盤は万全だから」

「しかし解約が殺到するのでは」

「一部の顧客はそうなるだろうがとにかくだいじょうぶだ」

「運用益か原資産の過大評価のようなことでしょうか」

「だから、金融庁に止められているから話せないと言っている！」

浅川の声に強いいら立ちが混じってきたが、新庄はやめなかった。

「では詳細を知っているのはどなたなんですか」

「３人だ」

「３人とは？」

「俺と高橋、それから会計士だ」

「せめてもう少し具体的に説明していただけませんか」

「とにかく今は話せないんだ！　きちんと顧客対応をやってくれ」

「それだけの話では顧客対応などできません！」

新庄は必死だった。

新庄は、中小の証券会社を経て、メーカー勤務の経験がある。その後、証券会社時代に一緒だった先輩に誘われて数年前にＡＩＪ投資顧問に入社した男だ。押しの強い営業マンタイプではなく、普段は口数も少ないほうだ。事務能力にすぐれ、非常にきちんとした仕事をする。それを買われて、顧客向けの報告書、営業用の説明ツールなどを作る仕事の多い企画部に配属されていた。

几帳面《きちょうめん》で堅実な性格から、1月23日から続いていた金融庁による検査の窓口も、新庄が担当していた。要請された資料を用意して検査官に提出したり、事務上の質問に答えたり、用件を浅川に取り次いだりということを一手に引き受けていたのだ。

おそらく、検査官とのやりとりの中から「なにかただ事ではない問題が起きている」ことに気付いていたのだろう。

そう思えば、この月曜あたりからの新庄の様子が少しおかしかったこともうなずける。彼はひとりで大きな不安を抱えていたはずだ。

浅川が大きな声を出した。

「ともかく、企画部できちんと対応するように」

新庄が叫ぶような声で反論した。

「できません！　企画部だけではとても無理です。今日は2月23日です。2月末解約予定の基金もあります。その解約も停止になるのですから」

顧客からの電話が代表番号にも殺到することは、誰にも容易に想像がついた。

「企画部だけではできません。全員で対応してください。分担表を作りましたから……」

食い下がる新庄をにらみつけ、浅川は低い声で言った。

「いやなら辞めてもいいんだぞ」

「そういう問題では！」

新庄が気色ばみ会議室の空気は険悪なものになった。

「新庄さんが準備してくれていますから、とにかく話を聞きましょう」

割って入ったのが高橋だった。

高橋成子《しげこ》は、ＡＩＪ投資顧問の総務・人事担当の役員である。浅川がＡＩＪ設立以前に勤務したペイン・ウェーバー証券で、秘書となったのが最初の出会いだったという。その後浅川が一吉《いちよし》証券（現いちよし証券）に転じたときにも個人秘書として同行している。浅川は高橋を信頼し、自らＡＩＪ設立時には、彼女を社長秘書と同時に取締役として遇していた。

浅川の8歳年下で、非常に地味なタイプだった。社長の威を借りて社員に偉そうな口をきくようなこともない。美人とは言えないが、堅実を絵に描いたような女性で、やせ形の体型を地味なスーツと地味なブラウスで覆っていた。

彼女は経費についてはことのほか厳しかった。放っておくといくらでも金を使ってしまうタイプの浅川が、自分でもそれをわかっていたからこそ高橋を秘書として長くそばにおいていたのだろう。接待の後に、店から「領収書はいかがいたしましょう」と聞かれても、ほとんどの場合「どうせシゲちゃんが認めてくれねえよ。いらねえいらねえ」と自腹で払うのが常だった。

浅川は、「シゲちゃん」の言うことには、渋々ながらもいつも従う様子だった。

このときもそうだった。

「新庄さん、用意してくれたんでしょう？　とにかくそれをみんなで見てみましょう」

高橋の言葉に浅川はむっつり黙り込んだ。

新庄が用意していたのは、従業員全員による代表電話対応の分担表だった。「6時から8時までは企画部の新庄と運用部の相葉《あいば》が担当、8時から10時は企画部の九条と運用部の石川が担当……」というように時間割が作られ、それが数案できていた。

浅川への質問はそれきりになった。一同は新庄が作った分担案のうちひとつを選び、ともあれ、明日はひたすら顧客の電話をとることになるだろう、ということだけがはっきりした。

顧客へのファックスは、業務停止命令が正式に出てから弁護士を通して、一斉送信することとなった。

会議は30分もかからなかった。

「話はそれだけだ。行けるやつは飯行こう。下でいいだろ」

終わり際に浅川が声をかけた。浅川が社員に声をかけて昼食、夕食、飲み会に誘うのはいつものことだった。

その日は、結局、高橋、新庄、運用部の女性、そして私が浅川に同行して、ビルの地階にある和食店「いけ増」に降りて行った。

頭の中はまったくすっきりしないままだ。

「こんなときになにが〝飯行こう〟だ」という気持ち半分、いっぽうでは妙に楽観的にも見える浅川の様子に、「それほど大きなことではないのかもしれない」という気持ちがあったのも事実だ。

一緒に飯を食ったところで、なにか新しい情報が浅川の口から出るとも思えなかったが、とにかく、このまま帰っても落ち着かない。私も食事に付き合うことにした。

浅川の話は実に限られたものだったが、それでも私なりに、なにがあったのかを推測し続けていた。そのとき頭に浮かんでいたのは、もしかすると流動性の低い資産の評価についてなんらかの指摘を受けたのではないか、ということだった。

ＡＩＪ投資顧問の運用のメインは日経平均と日本国債の先物・オプションだ。これしかやっていないと言ってもいいくらいである。先物とオプションしかやらない、ということは基本的には証拠金と呼ばれるものしか使わないということだ。ただその分余資もかなり抱えているので、この余資の一部を利回りものに投資していた。そのひとつが未公開株で、もうひとつはアメリカの生命保険を証券化して投信としたものだった。

これらは流動性が非常に低く、値段がつきにくい金融商品だ。投信の基準価額の評価方法について、金融庁の検査官との間で食い違いがあったのではないだろうか。公表していたよりもこうした商品への投資額が大きく、毀損《きそん》していた部分への評価方法になにか当局と食い違いがあったのではないか。

推測したのはここまでだった。

明日の「業務停止命令」が出れば、そのときに内容ははっきりするはずだ。今これ以上考えても仕方がない。

食事をして飲み始めるうち、少し開き直ったような気持ちになってきた。一緒にいた新庄も同じような気分だったようだ。

浅川はほんの30分いたていどで、「これから金融庁の電話が来るから」と、社に戻っていった。

残った4人の話はあいかわらず弾まない。高橋も残っていたのだが、彼女を問い詰めたところで、浅川が「話せない」と言っているものを「実は……」と話すはずもなかった。

結局、すべてを「知っているはず」の高橋を横にしたまま、私と新庄はふたりでだらだらと飲み続けた。

「いったいどういうことなのだろう」

「生命保険担保保証券のほうでしょうか」

「わからん。そのあたりじゃないかと思うけれど」

「うーん、業務停止1ヶ月というのは厳しいですね」

「しょうがない。いよいよやることがなくなったら、平日ゴルフでも行くか」

「そのくらいしか思いつかないですよ」

「それにしても解約はどれくらい出るだろうな」

とりとめのない話をしながら、結局かなりの深酒になった。

驚愕の朝刊

2月24日の朝が明けた。

「今日から業務停止か」

昨夜の酒がまだ澱《おり》のように残っていたが、私はいつものように4時前に目覚めた。家族が寝静まる中、新聞受けから日経新聞を取り出し、1面の見出しを見たとたん私は凍りついた。


「ＡＩＪ年金２０００億の大半消失」


これはいったい何なのだ。

昨日の浅川や高橋の様子からはまったく想像もできないような内容が、そこに書かれていた。テレビをつけてみたが、まだニュースが始まらない。

なにが起きた？　いや、社内になにが起きていたのか？　運用成績は人がうらやむくらいに順調だったではないか。だから昨日の営業でも常務にあれほど自信を持って……。

混乱する頭のまま家を飛び出して会社に向かった。

「誤報ではないのか？　いや、日経新聞の1面にそんな誤報が載ることは考えにくい。では、数字が間違っているのか。２０００億の大半？　なにをすればそんな損が出るのか？誰が？　どこで？　いや、ありえない。昨日の社長の話はいったいなんだったのか」

電車の中でも頭の中には相矛盾するような疑問がつぎつぎに浮かんだ。

6時半に社についた。ビルの入り口周辺にすでにビデオカメラを担いだテレビクルー、報道腕章をつけたカメラマンや記者たちが群がっている。何か聞かれるだろうか？　聞かれたところで何も話せることはない。鼓動が高まったがそのまま8階にあるＡＩＪ投資顧問のフロアまで上がった。

まだ誰も出社していなかった。

フロアにつくとまず、昨晩一緒に飲んだ新庄にメールを打った。

「マスコミが来てる」

「わかりました」

返信はすぐに来た。携帯のワンセグでニュースを見ると、ようやく事件が報じられ始めた。「年金資産の9割を消失」と伝えられている。さらに愕然《がくぜん》とした。いったいどうすれば２０００億の9割を失えるのか。信じがたい内容だった。

その段階の報道では、売買による損失なのか、資金の不正流用によるものかは捜査中であるとされていた。

「先物・オプションの売買損が１８００億など絶対にありえない」

確信していたのはそれだけだった。もしかしたら簿外でいわゆる「仕組み商品」に手を出していたのか？　それとも信じられないような不正流用があったのか？　浅川が？　なにいったいそんな金を？

いくら考えたところでわかるはずもなかった。

自宅の妻、息子、弟、実家の父に電話をしたが、父と弟はまだニュースを見ておらず、なんのことだかなかなか伝わらないのがもどかしかった。時をおかず彼らも報道を見て愕然とすることは間違いない。

「どうなるのだろう？」

不安はますます大きくなるばかりだった。

つぎつぎに社員が出社してきた。

「いったいなにが起きたんだ」「どうなっているんだ」「本当なのか」「２０００億だと？」

社内は騒然としてきた。

ＡＩＪ投資顧問は小さな会社だ。７時半すぎにはほぼ全社員の12名がそろう。

じきに顧客からの電話がかかってくるはずだが、この報道内容は昨日の「分担表」で対応できるようなレベルを超えていた。高橋の判断で、社員による代表電話対応を取りやめ、すべて専用電話一本で弁護士が対応することが決まった。

8時半ごろから電話が鳴り始めた。けたたましく響き続ける電話の音に耳を塞《ふさ》ぎたくなる。呼び出し音を消そうとしたがうまくいかない。やむをえず電話機をデスクの下に入れるが、電話はいつまでも鳴り続けていた。

10時に正式な「業務停止命令」が発表され、到着した弁護士がファックスを顧客に一斉送信したあと1階で簡単なコメントを発表した。

浅川は金融庁に出頭したまま所在は不明だった。

テレビのニュースは「浅川社長は証券取引等監視委員会の調査に対して『運用資産の状況について説明できない』と話した」と伝えていた。

ニュースを見続け、インターネットで検索を続ける以外、社内に情報源はない。不安は大きくなっていた。消失した資金が「年金」であったということから、事件はすでに単なる金融事件というよりは「社会的な問題」として広がり始めていた。

この日から、日本の金融史に残るであろう大事件が動き始めた。いや、事件そのものは10年前から始まっていたのだ。

その朝の私は、自分の生活の今後の不安ばかりが先立ち、押しつぶされそうな気持ちになっていた。そして、あの豊田《とよた》商事会長刺殺事件さえもが、頭をよぎった。理由はどうあれ、年金資金のほとんどを失った顧客は激怒するだろう。凶器を振りかざして社内に飛び込むものが現れることがあるのではないか。私たちは「生贄《いけにえ》」とされて抹殺されるのではないかとさえ感じて、ただ恐ろしかった。

その不安は今も変わっていない。

しかし、私が知らぬうちに巻き込まれていたこの事件……というよりは、この「業界の宿命」と言っていいだろうか。その大きな矛盾、深い闇は私の中で次第に大きいものとして立ち現れてきた。

私はＡＩＪという会社でいったいなんということをしていたのか。なぜ巨大なウソを疑いもせず、そのウソに加担するかのように、自信をもって多くの顧客に熱心にすすめていたのか。

運用という仕事、トレーダーという仕事、証券会社の役割。私はこうした自分のアイデンティティに誇りを持っていた。浮き沈みはあったものの、それなりの実績を残してきた。自分の仕事にプライドを持ち、この業界の仕事を30年以上続けてきたのだ。

生きるために、家族を養うために、そして私のささやかなプライドのために、自分の人生のほとんどを捧《ささ》げてきた仕事は、かくも罪深い結果を生んだのだ。

「頼りにしてますよ」

昨日の昼、ニコニコ笑って私たちを送ってくれた常務の顔が浮かんだ。

私たちは——こうした年金基金に群がり貪《むさぼ》ったハゲタカだったのか。

第二章

野村のDNA

浅川の「病院伝説」

2009年5月1日、AIJ投資顧問への初出社の日だった。

8時40分に来るようにとの連絡をうけていたので、10分ほど早い8時30分に出社すると、浅川の第一声が待っていた。

「遅いじゃないか！」

「8時40分とのご連絡をいただいていたのですが」

「証券マンは普通7時には来るんだよ」

「あすからは6時半に出社します」

浅川と話すのは、これが3回目だった。

私は、野村證券OBの人脈を辿《たど》ってAIJ投資顧問に入社した。野村證券時代に浅川と接点はなかったが、「数字が人格」と言われた野村證券のなかで、浅川は「スーパーセールス」の名をほしいままにし、その後数社の歩合制営業マンを経て、AIJ投資顧問を自ら設立した人物だと聞かされていた。

浅川という男を説明する上でもっとも象徴的な、今も野村に残る「伝説」がある。

１９８０年代、浅川は野村證券中店（ちゅうみせ＝規模が中ぐらいの意味）の次席（支店長の次のポストで営業の全責任をもつ。次長の場合もあるし、力量によっては課長、課長代理の場合もある）として活躍中だった。

株式市場が引けたあと、得意先の不動産会社社長宅をおとずれ、いつものように得意の営業トークをかます直前、突然腹部の激痛が浅川を襲った。浅川は社長があわてて呼んだ救急車で病院に担ぎ込まれた。尿管結石だった。

不動産会社社長の知らせで、支店の部下が病院にかけつける。

「浅川さん、だいじょうぶです。我々がなんとか浅川さんの分をカバーしますから、ゆっくり治してください」

「すまんなあ」

鎮痛剤が効いた浅川は元気を取り戻していた。

「情けないことになっちまったが、すぐ現場復帰するからな」

浅川の結石は1センチ近くあった。１週間ていど入院して衝撃波をあて、石を砕いて排出させる治療が必要だった。

支店では大騒ぎになっていた。命にかかわる病気ではない、とわかると今度は「稼ぎ頭の戦線離脱」によるダメージが大問題になった。というのも、浅川の支店は、地区の手数料達成率トップの座を争っていたからだ。ところがちょうど浅川が入院したまさにその日、浅川の支店が月間達成率でライバル店に抜かれていることが判明したのだ。

支店収益の約半分は、浅川が稼いでいた。

その浅川がよりによってこんなときに、1週間以上も戦線を離れることになったのだ。支店長は営業部員ひとりひとりに「150%の力を出せ」と必死の号令をかけた。月末まであと2週間あるが、浅川の不在が1週間続けば、その間にライバル店との差はとても挽回《ばんかい》できないところまで開くだろう。

さて入院中の浅川である。

痛みは治まり、1日1時間の衝撃波治療が終わればあとはすることがない。彼は病室でラジオを聴き始めた。もちろん短波ラジオの株式市況である。イヤフォンからわざと音漏れするていどの音量でずっと聞き続けている。

それに気付いた医師や患者が声をかけるのを待っていたのだ。狙い通り、同室の患者や回診にやってくる医師の中に「株、やってるんですか」と声をかけるものが出てきた。

支店では「一度でも浅川の話を聞けば、誰でも浅川に資金を預けたくなる」と言われていた。浅川はこの伝説を入院中にも証明することになる。

1週間後、浅川は予定通りに治療を終えて退院し、すぐさま仕事に復帰した。

予想通り、入院中に首位のライバル店との差は大きく広がっていた。もはや逆転は不可能な数字である。

浅川は出社するや否や得意客に「退院の報告とごぶさたのお詫《わ》び」の電話を数本かけ、それだけで通常の3日ぶんの注文をまとめて取るなり、書類をかばんに詰め込んでそのまま社用車で出かけてしまった。

行き先は昨日まで入院していた病院である。

社に帰ってきたとき、浅川は25件の新規口座を手にしていた。あらたな顧客は、もちろん入院中に浅川の話を聞いた医師、看護師、患者たちである。

浅川はたった1日で、ライバル店との大きな差を逆転してしまったのだ。

野村證券の洗礼

私が浅川と出会うまでには、少々長い前段がある。

1958年、私は九州のとある田舎町に生まれた。地域金融機関に勤める父と、専業主婦だった母の長男だ。父の転勤の都合で小倉《こくら》高校を卒業し、早稲田《わせだ》大学の政経学部経済学科に進んだ。政経学部で当時人気があった就職先といえば商社、損保、生保、銀行というあたり。私は父が趣味で株をやっていた影響もあり、漠然と証券業界に興味があった。

大学生だったとき、高田馬場《たかだのばば》駅前の小さな証券会社に口座を作り、20万円を原資にして最初に宝酒造の株を買った。父のまねをして大学生になったらどうしても一度やってみたかったのだ。まだ当時は経済学科の学生でも株取引に興味を持つものは多くなかった。投資した20万円は数回の売買によって卒業時には50万円に増えていた。

ささやかな成功体験ではあったが、同時に世の中の経済状況を見通し、これと思う会社に投資すれば、それなりの収益が上がることにも面白さを感じていた。「どこか証券会社に入れるといいな」とは思っていたものの、体育会の卓球部に入っていたため勉強はさっぱりせず、成績は最悪だった。

就職活動事情にも疎く「10月の解禁日から始めればいいのだろう」と思ってのんびりしていたのだが、8月下旬にキャンパスで偶然会った高校時代の同級生は、すでにスーツを着ていた。いまでいう「リクルートスーツ」というやつだ。聞けばもう、5社から内々定をもらったという。

「え、そんなに早いのか?」

「なに言ってんだ、証券はもう内々定出しまくってるぞ。人事部に電話するとすぐＯＢを紹介してもらえる。お前、証券希望だったらすぐ電話してみろよ」

私はろくに考えもせず、「最大手」「有名」というていどの理由で野村證券の人事部に電話してみた。たまたま電話に出てくれた人事課長が早稲田大学のＯＢだったので、話は早かった。

「じゃあすぐに会社に来なさい」

そう言われて学ランに身を包み出かけてみると、「ちょっと飯でも行こう」と誘われ、日本橋の銀座アスターで中華料理をごちそうになった。貧乏学生に、銀座の中華料理は実にうまかった。たいした話もしないうちに食事が終わると、いきなりテーブル越しに握手を求められ、それで内々定だった。私の就職活動は、たった1日で終わってしまった。

そんなありさまで入社してしまった野村證券に、私はその後25年勤めることになる。

証券会社といっても、たいしてはっきりとしたイメージを持っていたわけではない。まして野村證券の「社風」もまったく知らなかった。

81年の同期は230人だった。そのうち200人は支店勤務、30名が本社勤務。不思議なことに私は「本社」だった。「なんで本社なんだろう」。いぶかしいような、ちょっとうれしいような、という気分だった。

しかしその「ちょっとうれしい気分」はすぐに吹っ飛んだ。「市場部」の配属だったのだ。「市場部」に入れられたのは30人のうち4人だけ。市場部というのは、つまり証券取引所の「場立ち」である。証券取引所の取引がすべて電子化された今、東証に行っても場立ちの姿はもう見られないが、私が入社した当時、取引所の花といえば場立ちのよく通る声と、素人には訳のわからないほどに素早い指の動きだった。肉体を武器にしてすべての投資家の売買注文をさばく、威勢のいいあの動きだ。

場立ちというのは、もともと高卒採用の社員がやるもの、と決まっていた。体力と気合いと大声で勝負できる若者が、まるで祭りのように活躍している場所でもあった。野村證券も高卒採用の社員を市場部に入れていたのだが、私が入社する前年から高卒採用がなくなり、すべて大卒採用となった。そのため、大卒だろうが、まずは場立ちから経験させるようになっていたのだ。

「結局オレたちは体力採用組ってことかあ」

市場部に放り込まれた4人は、確かに運動部出身だったり、背が高く、視力がよく、声がよく通るいかにも「丈夫そう」なタイプだった。

とはいえ、いきなり取引所に立てるわけではない。まず研修を受けるのだが、最初にやらされたのは「発声練習」だった。4人の新入社員は、日本橋にあった本社ビルの屋上に立たされる。

「いいかー、向こうに東海銀行のビルがあるだろう。東海銀行に聞こえるように大声を出せ」

「イェー」「セー」「ヨォー」

なんでもいいから、自分の声を取引所の雑踏の中でも聞き分けてもらえるよう大声で叫ぶ。

「なんでこんなところで大声出さなくちゃならないんだよ」

最初のうちはバカバカしいやら、照れくさいやらで、なかなか大声が出せなかったが、やがて照れも羞恥心《しゅうち》もなく怒鳴れるようになった。場立ちのやりとりは、「声」「身振り」という肉体だけを使うコミュニケーションの世界だ。そこで臆《おく》さないための第一歩として、無駄なためらいや羞恥心を取り払うための「発声練習」だったのかもしれない。

場立ちという仕事

市場は9時に開く。証券取引所はまさに戦場だった。

市場部の場立ちは、その日の朝までに市場部に送信された売買注文伝票をとりまとめて、東証に出かけ、集計を担当する媒介担当者に伝える。立会が始まると、取引所に置かれた野村證券の分室から、女性社員が5分ごとにその日の注文伝票を持ってくる。

取引所の立会場には、8つの馬蹄《ばてい》形をした大きく長いテーブルが置かれていた。これはポストと呼ばれるもので、1000ほどある銘柄を8つに分けて受け持っている。内側には媒介を担当する証券会社（才取会員《さいとり》）の人間と、東証の人間がおり、外側はそのポストで扱う銘柄を売買しようとする場立ちが群がる。

場立ちは才取に売買の内容を口頭で伝え、才取は「板」と呼ばれる集計表に指値と数量を書き取っていく。「売り注文」と「買い注文」が一致すればその場で売買が成立する。才取は平時は順番に注文を聞くが、盛り上がってくると、順番は関係ない。大きい声のものや押しのけたものの勝ちだ。また、場立ちの格による有利不利もある。一番前に中小証券や下っ端の場立ちがいても全然聞いてもらえないこともよくあるのだ。発注の順番をめぐってのいざこざは日常茶飯事だった。

「新日鐵の買い指値《さしね》200円」という注文だけでも、伝票はときに数センチの厚さになる。それを暗算かそろばんで合計し、瞬時に発注しなければならないのだ。もたもたしていると次の伝票の束がやってくる。まさに時間との戦いだ。

それとは別に大口注文は日本橋の株式部から取引所内の場電といわれる電話担当に直通

電話で伝えられる。そこから、才取の前に張り付いている場立ちに対してサインで注文が伝えられるのだ。こうした取引がすべて電子化されて以来、もう見ることができない光景だが、私は今でもまだ、このサインを体で覚えている。

数字はすべて指で示す。指1本なら1、2本なら2。6は親指1本、といった具合だ。片手で1から9まで表せるので両手を使えば1から99まで表せる。これで価格を最初に示す。株数は「手ごと左右に動かせば1000」「手を握れば万」と決まっている。それ以上は人差し指と親指で0を作って表す。10万は左手で1、右手で0だ。100万は左手で1、右手の0をはっきりと右へスライドさせて00を表す。さらに手のひらを自分のほうに向ければ「買い」、逆に手の甲を自分に向けたときが「売り」だ。

片手でVサインを出して相手に向かって振れば「2000株の売り」で、自分のほうに手のひらを向けてじゃんけんのパーを出してからグーにすれば、「5万株買い」となる。

100万株のサインを受けることは、大手証券の場立ちしか受けることのないステータスである。それは、市場の注目を一身に集め、場立ちとして最も名誉ある晴れ舞台の瞬間だ。

銘柄も手のサインで指示する。これには面白いものがたくさんあった。伊藤忠は「チュー」と省略されることから、「チュー」つまり「キッス」で、サインは投げキッスのようなジェスチャーを使う。野村證券はお猪口《ちょこ》を持った手をくいっと一杯やり、「飲む」まねで表す。

証券市場といっても、やっていることは魚市場のセリと同じようなもので、魚より銘柄の数が多いのと、金額が大きくなっているだけのことだ。雰囲気も魚市場と同様の活気にあふれ、ときには怒号が飛び交った。特定の銘柄売買が殺到すると笛が吹かれ、一時売買が中断するようなこともあった。

私が入社した１９８１年というのは、オイルマネーなどの資金が流入し、過剰流動性相場が始まっていたころだ。新日鐵、日立といった大型株が活発に売買されるようになり、売買高も急激に増えていき、東証の立会場はたいへんな活気に満ちていたのだ。

この戦場の中にいきなり放り込まれるわけだから、新人のころはどうしてもサインを間違えたり、計算間違いをする。「１００万株の買い」だったのに伝票の合計を間違えて99万株しか買っていなかったとか「99円の買い注文」だったのに１００円で買ってしまったというようなミスが出る。これは、取引所の結果と証券会社の伝票を照合すればすぐにわかり、だいたい取引の翌日昼ごろに不照合があったことを示す書類が回ってくる。ミスは圧倒的に私たち新人が多かった。

高卒入社後場立ちになったものは、同じ年齢でもすでにベテランである。暗算もそろばんもまったく太刀打ちできない。彼らの売買の正確さや速さはまさに職人芸だった。ミスのために損を出しても自分の給料から引かれるわけではないが、万一取引の桁数を3つも間違えるようなことがあったら、会社に恐ろしい損失を与えることになる。「不照合」に自分の名前がないように……。最初のころは毎日昼が近づくと戦々恐々だった。

いっぽうで、だんだん仕事に慣れてくると、私は少しばかり焦りをおぼえるようにもなってきた。数年前までは高卒採用の社員が担当していた部署に「体力採用」で、配属されてすでに2年近く。やはり私は支店に出て営業を担当したかった。入社1年たったころになると、支店に出た同期がすでにかなり大きな仕事をしている、というような話も伝わってくる。

基本的に、新入社員はほとんどが支店に出て営業を担当する。お客様のところを回り、靴をすり減らして通い詰め、大きな売買を狙う。

伝説的なトップセールスの噂も聞いていたが、浅川の噂までは覚えていない。浅川は私より6年前の1975年に野村證券に入社している。入社当時から新規開拓がうまく、抜群の営業成績を挙げていたという話はあとになってから聞いた。野村證券には浅川クラスのすぐれた営業成績を誇る営業マンがごまんといたのだ。その営業成績は出世の階段をのぼる上で大きな武器になることはいうまでもない。

営業の仕事の過酷さは、市場部にいてもよくわかった。市場部は、市場が3時に終わればあとは伝票整理を残すだけで自分たちの仕事も終了である。残業をする用事もなくさっさと退社するのだが、営業マンは、私たちが帰るころになっても、退社はおろか帰社さえしていなかった。当時、新入社員は例外なく社員寮に入ることになっていて、私たち本社勤務になった同期全員と一部の支店の営業マンが一緒の寮だった。

もちろん場立ちである我々がいつも一番に帰ってくる。営業部隊配属の同期は毎晩遅くまで、ときには深夜まで営業に明け暮れていたのだ。営業部隊の競争は熾烈《しれつ》で、当時からもよく「ノムラ証券じゃなくてノルマ証券」と言われたものだが、社員は「ヘトヘト証券」と呼んでいた。野村證券の社章は、カタカナの「ヘ」に見える山形がふたつ重なり、その下に「ト」の文字が入っているのだ。

それでもやはり自分も早く支店に出て力を試してみたい、と営業への転属希望を出し、それが叶《かな》えられたのが場立ちとして2年すぎたときだった。

ところが、希望通りの営業でがんばりはじめたとたん、私は社内の留学試験に合格してしまった。皮肉なものだ。

当時、野村證券はほぼ強制的に若手の社員全員を受験させ、毎年30人をアメリカの大学などに留学させていた。230人のうち30人だからけっこうな確率だ。前年も受けていたのだがそのときは不合格。翌年は希望通り営業配属になったこともあって、ろくに勉強もせず受験した。実際前年よりも点数は相当低かったのだが、どういうわけか合格してしまったのだ。

アメリカでデリバティブを学ぶ

結局私は、最初望んでいた営業を1年弱経験しただけで、アメリカのコーネル大学に留学した。

そこで、大学時代とは比べものにならないくらいに必死で勉強した。もちろん社費で留学しているので「仕事の一部」という意識もあったからだが、たった3年とはいえ証券業界を経験した上での留学だから、経済学の授業はもちろん、金融理論、企業財務、そして実際の投資運用などの分野の講座は積極的にとった。

特に学問としての投資理論は、日本より相当進んでいたため非常に面白かった。

当時、ヘッジファンドは花ざかりだった。もともとヘッジファンドとは「危険を回避する」という意味で、上がりそうだと思う現物を買うのと同時に、別の株を「空売り」することで、現物が下落しても全体で利益を確保しようとするものだった。空売りをうまく組みあわせて総資産の損益リスクを「ヘッジ」し、利益を出そうという投資集団がそもそもヘッジファンドと呼ばれていたのだ。

これは1940年代からアメリカに存在した。しかし、60年代からアメリカが右肩上がりの成長を続けるころは、リスクをヘッジする必要性が減る。上がりそうな株を買っていればそれだけで利益は出たのである。同時に、ヘッジファンドは、本来の「リスクヘッジ」より、投機的なものに性格を変えていく。

70年代に入ると再び市場は低迷する。すると今度は、新しい理論が登場した。ひとつは分散投資でバランスを取り利益を出すポートフォリオ理論、さらにオプションをはじめとするデリバティブ（金融派生商品）の価格算定を容易に行う算定式も開発されたのだ。それが名高い「ブラック・ショールズ方程式」で、いわゆる金融工学のさきがけとなったものだ。

なおマイロン・ショールズはロバート・マートンとともに、この理論で97年にノーベル経済学賞を受賞した。しかしふたりが経営に参加したヘッジファンド、ロング・ターム・キャピタルマネジメントは「ドリームチーム」とも呼ばれたが、経済学賞受賞の翌年、アジア・ロシア通貨危機で空前の損失を出し破綻《はたん》することになる。

デリバティブのひとつであるオプション取引は、アメリカでは1790年代に始まり、市場にすでに浸透していた。日本でも1982年には砂糖、金などのオプション取引が解禁されたのに続き、89年には日経平均指数オプション・日本国債先物オプション取引が開始される予定になっていた。

当時、アメリカでよく言われていた「アメリカンドリーム」というのは、「まず少しお金が貯まったらオプションを買う。運よくオプションで大儲《もう》けしたら、あとは個別の現物で手堅く運用していく」というものだった。「そうなったらサイコーだよね」というていどの半ば冗談のような話なのだが、これは、ある意味で「オプション買い」の性格をよく言い表している。

つまり、ちょっとした手持ちで「宝くじ」を10枚ぐらい買うのに似ているということだ。全部はずれても失うのは宝くじ代の3000円、確率は高くないが、ひょっとすると1億円儲かるかもしれない、という性質だ。全財産で宝くじを買う人はいないから、「宝くじで破産する人」はいない。ただ「売り」の場合はこの限りではない。オプションはレバレッジ（借入資本を利用して投資を行うこと）がきくため、だいたいコツコツ儲かっていても、ある日突然大きくやられるリスクがある。

オプション取引ではリスク管理がもっとも大切になるわけで、大学ではこうしたリスク管理の手法についての講座もあった。

オプションの取引は、穀物取引の歴史が古いシカゴを中心にすでに盛んに行われていた。株式オプションはどちらかというと後発で、個別株のオプションとS&P100・S&P500（スタンダード&プアーズが算出する100、500の株式銘柄をもとにした株価指数で、「日経平均」のアメリカ版のようなもの）の株価指数オプションが急速に取引高を増やしていた。

やがて日本でも、このオプション取引が市場で大きな位置を占めるようになるだろうと、私も感じていた。こうした運用についてのプロは野村證券にほとんどいないといっていい。だからこそしっかり学んで帰ろう、という気持ちだった。

鬼っこオプション部隊

87年に2年の留学を終えて帰ると、さっそく担当役員から呼ばれた。

「君はオプションをやってくれ」

それで決まりだった。

日経平均のオプション取引が開始されるまであと2年あまり。それまでの間は、外国株式部でS&P500オプションの取引をしながら、上場までの準備をしていろ、ということだった。

それ以来、私は約10年間、株式部先物・オプション課で、日経平均のオプションで相場を張るトレーダーとして仕事を続けることになる。日経平均オプションが上場された年に日経平均は史上最高値の3万8900円まで上昇、しかしすぐさまやってきたバブルの崩壊で大暴落。その後乱高下の続く10年だった。

90年以降、証券会社はどこも株式の委託手数料が大きく落ち込んだ。大手・準大手は争って先物・オプションに取り組むようになる。当時日興證券は運用開発部を新設し、積極的に数理系トレーダーを増やしていった。大和・山一は先物・オプション部を作り、新日本証券は米国サスケハナ社という先物・オプションの裁定取引に強い証券会社と提携して運用を強化していた。ソロモン・ブラザーズ、モルガン・スタンレー、ソシエテ・ジェネラルは積極的に自己売買部門を強化した。

先物・オプションなどのデリバティブ（金融派生商品）取引は、それまで日本の市場でメインだった現物取引とはかなり違った運用知識が必要になる。デリバティブの理論は「金融工学」と言われる通り、数理統計学や確率論といった数学的な知識を多く含むものだ。伝統的な現物取引をメインに行ってきた証券会社は、株式委託手数料の落ち込みを契機に、先物・オプションを研究し、実際に運用する部署を強化し始めたのである。

そうした先物・オプション戦国時代の中、野村證券の日経平均オプション売買シェアはダントツだった。現物市場のシェアは10％に届かなかったが、オプション市場では常時30％、ときには50％のシェアを維持していた。

私の部署ではほとんどの月で、数億から十数億円の売買益を稼いでいた。ＡＩＪ投資顧問の「いつわりの勝率」をはるかに上回っていたのだ。

90年以降の不況で相場はずっと下げ相場に入っていた。その中で「先物悪玉論」ということも言われた。「（空売りができる）先物があるから相場が下がるんだ」とも非難され、各種の取引規制がはいり、そのせいでさらに乱高下したこともあった。

ただ、これほどの収益部門に成長したものの、野村證券の社内で、先物・オプションに対する「アレルギー」というのは根強く残っていた。とくに営業部門の一部にそれが強く、「上がったときに稼ぐ現物株取引が王道」「下げ局面で儲ける先物・オプションは邪道」という空気があった。

とりわけ、私以上の世代、それこそ浅川世代前後の人間にはそれが強かったように思う。

「なんだか複雑なもの」「顧客に説明しにくいもの」は、どうしても営業担当者が敬遠するのだ。結局、野村證券で私が所属した株式部先物・オプション課が、「部」に昇格することはなかった。それが野村における先物・オプションの地位を象徴している。

それでも、日本で新しい市場を作っていくという使命感のようなものを、私は強く持っていた。89年以来、顧客の取引高は野村證券経由が圧倒的、当然自分のポジションも巨大になる。そうした現場に外資系の証券会社がオプション先進国のノウハウを武器に参入してくる。彼らと直接対決する「撃ち合い」はスリリングで、やりがいのあるものだった。

私のオプション部隊は、社内的にはやや「鬼っ子」扱いではあったものの、収益部門としては重要視されていた。ともかく収益を挙げろ、と強く要求された。顧客対応をしつつ、同時に自社資金の収益を追求しろ、ということだ。

顧客の「買い」に対応し、野村證券はそれを「売る」。つまり顧客と会社は逆の立場になるといってもいい。顧客は儲かるが会社は大損、あるいはその逆もあり得るということである。そうならないためにヘッジをし、収益をコントロールするのだが、場合によっては顧客に売ったものを市場からその倍以上調達し、顧客と同じ方向に乗ることもあった。

顧客対応での役割は、大口注文や複合注文に対応することだった。複合注文というのは、コール・オプションとプット・オプション（これらについては後で詳述する）を同時に売買したり、コール・オプションを一方で売って、一方では買う、といったことだ。

顧客のこうした大口注文はリスクも大きくなり、複合注文にはかなりの知識、技術、経験が必要になる。野村證券は大口注文への対応を積極的に行うことで他証券との差別化を図ろうとしていた。

オプション取引の仕組み

一般の人にはあまりなじみがないと思うので、先物・オプション取引について説明しておこうと思う。現物の株の売買と違って少し複雑だが、基本的な仕組みはさほどめんどうなものではない。

先物取引のベースとなる先渡し取引とは、単に「いま100円のものを、○月○日に120円で買う」あるいは「○月○日に80円で売る」という約束をする売買のことだ。先渡し取引とは、「ある商品が今より高くなろうが安くなろうが、ある値段で売買することを決めて、期日にはその値段で約束通り売買しなくてはならない」という取引である。

いま10万円の商品があったとしよう。すぐには買えないが来月になれば10万円ボーナスがはいる予定があったとする。その場合に「1ヶ月後にその商品を10万円で買う」という予約をしてしまえば、「1ヶ月後に商品が12万円になっていても10万円で買える」ということだ。つまり2万円の得。現金がほしいなら、すぐさまそれを12万円で売れば2万円が手元に残るというわけだ。

ただし逆に、なんらかの理由で1ヶ月後に商品が8万円に値下がりしたとしても、10万円で購入予約をしてしまった以上、客は必ず10万円払わなくてはならない。先渡し予約をしたせいで2万円損をしたことになる。

この先渡し取引を標準化し、市場に上場して満期前でも常に反対売買できるようにしたものが「先物取引」である。「ある商品が今より上がるか下がるかを予測して、いつでも自由に売り買いする」ということだ。

先物取引は、現物を持っていなくても「証券会社から株券を借りて売る」信用売りと同じように、「売り」から入ることもできる。

これにたいしてオプション取引というのは、「ある商品を売る権利、または買う権利を売買する」ことをいう。AIJ投資顧問の取引の場合の「ある商品」というのは、主に

「日本国債」だった。私が野村證券でオプションのトレーダーだった時代に扱ったのは「日経平均」である。オプション取引の対象になるのは、特定の会社の株や、金や原油といったものも含め、非常に幅広い。「日経平均」というのは、東証に上場された企業のうち225社を選び、その株価を平均した「指標」のひとつだ。この平均値そのものを、個別の銘柄同様に、「商品」として扱うのである。

オプション取引というのは、「今の価格より上がるか下がるか」ということに直結するものではなく、「自分が買うと決めた価格」（権利行使価格という）より上がるか下がるか、ということが問題になる。

オプションには「コール・オプション」と「プット・オプション」のふたつがある。「コール」というのは「請求する」という意味で、将来の決められた期日に、決めた価格で相手に「売らせる」権利だ。つまりコール・オプションを買った人は、相手から約束の日に約束した価格で「買う権利」を手にするのだ。

一番日常的に近い取引は「マンションを買うときに手付を払う」というものだ。手付だけ払っておけば、相手はあなたに約束通りの価格でマンションを売らなければいけない。あなたはキャンセルすることも可能だが、その場合は手付は戻らない。この手付がオプション料にあたる。相手方は手付だけもらっておしまいということになる。

「プット」は「押し付ける」という意味だ。プット・オプションを買った人は、約束の期日に約束の値段で、「なにがなんでも買わせる権利」つまり相手に「売りつける権利」がある。これは損害保険を考えるとわかりやすい。保険会社は日々保険料をもらう。なにごともなければ保険料は丸儲けだが、万一事故や災害が起きると、「むちゃくちゃに壊れた家」でも、約束した価格で買わなければならない。保険会社は無価値になった家を買い取るのだ。これが「保険金」である。日々あなたが支払う保険料がオプション料金と考えればよい。

つまり、先物取引は「○円で売る」「○円で買う」のどちらかの取引しかないが、オプションの場合は「○円で売る権利」と「○円で買う権利」を、それぞれ「売る」ことと「買うこと」ができる。つまりコール・オプションの売りと買い、そしてプット・オプションの売りと買い。その4種類ということになる。

もしもあなたが、「A社の株を買いたい」と考え、それが今現在は100万円で、その株は絶対に値上がりすると思っていたとする。「A社の株」でも日経平均でも、あるいは原油でも同じことだ。そういう場合に、あなたは「○月○日にA社の株を110万円で買う権利」というものを購入することができる（もちろん、90万円で買う権利、も買える）。

ここで、110万円を用意する必要はない。「権利」の料金は110万円の数%でいいのだ。それが「オプション料」でふつう「プレミアム」と言われている。もしも予想どおり、A社の株がめでたく200万円になったとしよう。すると、オプションの買い手であるあなたは、200万円の株を約半額の110万円で買えることになる。110万で買ってすぐに200万で売れば90万が儲けになるということだ。

オプション料がどう決まるかというと、これが非常にめんどうな算出式を使う。前述の「ブラック・ショールズ方程式」で、この算出式を開発したのが、ノーベル経済学賞を受賞したマイロン・ショールズとフィッシャー・ブラックである。デリバティブの理論というのは、こうした複雑な金融工学を利用するものなのだ。

コール・オプション、プット・オプションを「買う」

しかし、売買の基本的な仕組み自体は、今説明した通りそれほど複雑なものではない。たとえば現在の株価が100万円だったとしよう。これは上がりそうだ、と考えていたとする。

これを対象にしたオプションを買おうとする場合「買取価格105万」で手付(オプシ

ョン料）を打ってしまえばいい。つまり、あなたは105万円のコール・オプションを買ったのだ。期日に100万円が120万に値上がりしてもあなたは105万円で購入できるし、105万まで上がらなかったら手付は戻らないがキャンセルすればいいのだ。

最初から「105万までは上がらない」「あるいは今より下がるかも」と予想して「105万円で売る権利」（105万のプット・オプション）を買ってあったなら、あなたは今100万円のものが期日にどんなに値下がりしていても、それを105万円で売りつけることができる。もし120万円に値上がりしてしまったら、キャンセルすればいいのだ。

つまり、オプションの「買い」はコールでもプットでも、うまくいけば大儲けだが、最悪の場合でも「オプション料」を失うだけですむ、ということになる。

実際には現物の株と組み合わせて使われる事が多い。うまくいけば、現物の株が暴落してもそのリスクをヘッジすることができるのだ。

つまり、現物の株を100万で買い、「暴落するのではないか」という不安があれば、「プット・オプション」を同時に買っておくということだ。「100万円のプット・オプションを買う」ということは、もしも1ヶ月後に100万円の株が暴落して50万円になっても、あなたは手持ちの株を100万円で売ることができるのだから、「オプション料」だけで暴落リスクを回避できたことになる。

ただ、株が１２０万に値上がりすれば、プット・オプションのオプション料は無駄になり、本来20万円の儲けのはずが、オプション料の分だけは儲けが減ることになる（ただし値上がりの幅が小さいとオプション料で「赤字」になる可能性もある）。

期日前に株価が値上がりすると「オプション料」は値下がりするため、無価値になる前にオプションを早めに転売することでオプション料の損失を減らすことはできる。

基本的に「オプションの買い」はプットであれ、コールであれ、損失はオプション料だけ、と考えられる。損失は限定的、大化けすれば大儲け。これが「アメリカンドリーム」と言われるゆえんで、「宝くじを何枚か買って当たればラッキー、はずれても失ったのはくじ代だけ」ということだ。

コール・オプション、プット・オプションを「売る」

さて、一方の「オプションの売り」である。これが、ＡＩＪ投資顧問がメインの運用手法として使ってきたものだ。

まず「コール・オプションの売り」から説明しよう。「買う権利を売る」ということだ。

先ほど、「現在１００万円の商品が値上がりしそうだ」と踏んでオプション料を支払い「１０５万円で買う権利」を買った場合は、「１２０万円に値上がりしても１０５万円で買えるのだから15万の儲けになる」と書いた。「これは買う権利を買った」場合のことだった。この「買う権利」つまり「コール・オプション」は売ることもできる。というより、買い手と売り手がいなければオプション市場は成立しないのだ。

この場面で、先ほどとは逆に現在１００万円のものを「１０５万円で買う権利」を売ったとする。あなたは「権利を得る」かわりに「オプション料」つまり「プレミアム」を受け取る立場だ。これが「コール・オプションの売り」である。

プレミアムの価格は「数％」と書いたが、これはオプション市場の売買で決まるので、一定というわけではない。ただ、「１０５万円」に比べれば小さい額であることは間違いないが、売った時点でこの分の利益は確定する。

ただし、あなたはオプション料と引換に「期日に１０５万円で売る」義務を負うことになるのだ。

その後、現在１００万円のものが１０５万円以上、１２０万円、あるいは１３０万円に値上がりしたとする。１０５万円のコール・オプションをあなたから買った人は、その権利を行使すれば105万との差額が儲けになるわけだ。当然値上がりしていれば買えばいいし、値下がりしても買う義務はない。相手が買うのをやめてしまえば、あなたにはなにも起こらない。

ところが、株が105万円以上にあがり、相手が買った場合、「105万のコール・オプション」を売ったあなたは、株がどれだけ高騰していても、相手にその株を105万円で売り渡す義務があるのだ。この義務は放棄できない。つまり、買った人がいる以上、売った人は買い手に商品を渡す必要があるということだ。

差額分の大きな損失が発生し、わずかなオプション料だけが手元に残る。

大きな損失を避けるためには、あぶないと思った場合、期日前に「売ったオプション」を売値より多少高くても買い戻したり、別に利益が出るようなものを手当てすることでリスクを最小限に抑えることも考える必要がある。

もうひとつが、「売る権利を売る」＝プット・オプションの売りだ。

これは、現在100万円の株などを、たとえば「105万円で売る権利を売る」ということ。この権利を買った場合、買い手は現在の株価が105万円に届かなかった場合、あるいは現在よりも下がった場合でも、105万円で売る権利を手に入れる。もしも90万円にまで大きく下がったとすれば、差額の15万円が儲けになるのだ。買い手が儲かる権利を行使しないわけはない。一方で、このオプションを「売った人」は、下がった株でも約束通り105万円で買い取らなくてはならない義務が生じる。つまり、オプション料は受け取れるものの、15万円の損失が出るということだ。

逆に、もしも株価が105万円以上、たとえば120万円に値上がりした場合、あなたが売った「105万円で売る権利」は紙くずになってしまう。「120万のものをぜひ105万で売りたい」などと思う人はいないからだ。結局、このプット・オプションの買い手は権利を放棄しオプション料を失い、売り手はオプション料をまるまる手にすることになる。

「オプション売り」のリスク

プット・オプションにせよ、コール・オプションにせよ、「オプション売り」の特徴は、株価などのオプション対象商品の価格が今より上がろうが、下がろうが、予想を超える大きな変動さえなければ、売り手はオプション料を確実に手にできるということだ。ただ、買い手が「権利を放棄するだけで済む」のに対し、売り手は大きな変動が起きたとしても、買い手の権利行使を受ける「義務」がある。つまり、もしも予想だにしなかった高騰、暴落が来たら、わずかなオプション料を大幅に上回る損失から逃げることはできないということだ。その損失は非常に大きくなる可能性がある。

もちろん「オプションの買い」にもリスクはある。「オプションの買い」を「宝くじ購入ていど」と考えていれば、万一の場合にもその損失はオプション料だけなのだから小さくても済むが、大量の宝くじを買ってしまった場合は、それがすべてゼロになるのだから、損失は当然大きくなる。

けれども一般的に言えば、放棄できる「権利」に対し「義務」は放棄できないために、オプションの「売り」は「買い」以上にリスクを伴うとも言えるのだ。ただし、その振れ幅が通常の予測範囲内、つまり日経平均が来月までに「プラスマイナス1000円以内」といった予測の範囲内で推移をしていれば、大きく儲かることはなくても確実にオプションを売った料金であるプレミアムは手にすることができる。

大まかにまとめると、「オプションの買い」は、「日常的に小さい損失が出ることも多いが、大きく当たることもある」もので、「オプションの売り」は、「日常的な小さい利益を稼げる可能性が高いが、稀《まれ》に大きな損失を被る可能性もある」と言ってよいだろう。

10分間で12億円の損失

野村證券で先物・オプショントレーダーを約10年間つとめたとき、月間ベースでの売買益はほとんどプラスを出せた。しかし、瞬間的に大きくやられた局面もあった。そのなかで今でも忘れられないのが、94年1月31日である。

1月31日までの日経平均の推移を見てほしい。

1994年1月24日	18,353.24	−954.2
1994年1月25日	18,648.36	＋295.1
1994年1月26日	19,138.21	＋489.8
1994年1月27日	18,891.79	−246.4
1994年1月28日	18,757.88	−133.9
1994年1月31日	20,229.12	＋1,471.2

31日の「+1471円」。この局面で私は12億円の損失を出した。

93年末から小選挙区比例代表並立制をめぐって与野党間は激しい駆け引きを続けていた。「政治改革」を最大の旗印に掲げた細川護熙《もりひろ》首相率いる非自民・非共産連立政権と、結党以来初めて野党に転落した自民党との戦いである。連立政権側は小選挙区250・比例代表250の2票制を主張し、自民は小選挙区300・比例代表177の1票制を主張した。衆院では自民の審議拒否が繰り返されるなかで、与党案が通過していたが、参院の審議はさらに難航し、年内可決はできなかった。

明けて94年1月、与野党はやや歩み寄ったかに見え、野党自民党も修正論議に傾く。ところが連立与党内社会党が造反、21日に与党法案は参院で否決されてしまう。

この間、株式市場はこの法案をめぐる与野党の動向に振り回され続けていた。参院での否決は21日の金曜だったが、状況はさらに変化した。連立与党細川首相はあきらめず、自民党総裁河野《こうの》洋平とトップ会談も行われる。

この会談を受けて相場は動き続けた。28日金曜日、日経平均は前日比133・9円下げ、1万8757円で引けた。会談は難航していると見られていた。

私は日経平均1万9000円を射程に入れ、全体として「買い待ち」のポジションで週末をまたいだ。実際にはオプションの売りや買いが入り交じった複雑なものだったのだが、そのなかで突出していたのが、超大手機関投資家に対応した結果残っていた1万9000円のコール1500枚の売りだった。現物換算で285億円になる。

このポジションを含めて全体としては、日経平均が上がれば利益の出るポジションではあった。200〜300円高であれば顧客も儲かるし、私も儲かるというウィン‐ウィンの状態であった。

その状態で、市場は週末の休みに入ったのだ。

トレーダーたちが一息ついた土曜深夜、記者会見が開かれた。急転直下「与野党の合意」が発表されたのだ。

そして週明け、日経平均は1400円高騰した。1万9000円をはるかに凌《しの》ぐ2万円台だった。1万9000円までの上昇であれば、全体としては利益が出るが、それ以上上昇した場合、この「1万9000円コール1500枚」の影響力が急激に大きくなり、逆に損失が加速するような状態になってしまったのである。

私は早朝から、動揺を誰からも悟られないよう先物・オプション課のデスクにはりついていた。

大阪支店に設置したカメラの映像を通じて、大阪証券取引所の日経平均先物の板状況を見続ける。東京と大阪の発注係が電話をつなぎっぱなしにして注文を出し続ける。シンガポールとの電話もつなぎっぱなしだった。

個別の株式は、朝から買い気配一色。シンガポールの日経平均先物はいきなり2万円超え、大阪日経平均は気配値更新が遅かったが、午後にストップ高の買い気配となり、商いは成立せず。

もはや打つ手がなく、私は心で泣きながら、淡々とシンガポールで2万円を超える日経平均先物を200億円以上買わざるを得なかった。

自分のポジションリスクを把握するために、社内開発されたワークステーションに取引結果を入力し続けた。

損失は12億円。しかも取引が始まってたった10分ほどでその損失は既定路線となった。

これが私のトレーダー時代における、最大損失である。

オプションの売買とはこういうものだ。

特に「売りポジション」は、ときに一発で大災害を被る可能性がある。

しかし長期的に見れば、万一大災害が起きたとしても、これを補う収益を挙げることは十分可能だ。それがオプションのリスク管理の基本であり、当時も今もまったく変わっていない。

だからこそ、ＡＩＪ投資顧問の浅川が10年にもわたるオプション取引で、２０００億円の大半を失ったということが、私は今も信じられずにいるのだ。

アメリカ留学でデリバティブ理論を学び、帰国して日経平均先物・オプションの上場に立ち会い、トレーダーとして10年。私にとってオプション取引の経験と知識は最大の武器であると考えていた。しかし皮肉なことに、私がもっともよく知っているはずだったオプション取引によって、私が勤めた会社は厚生年金基金から預かった大切な資金のほとんどを失い、私自身もまたキャリアのすべてを失うことになる。

そんな日が来ようとは予想だにしなかった。


日経平均先物・オプションの上場から10年たつと「株は上がってなんぼ」「下げるときに儲けるなんて邪道だ」という社内の雰囲気も少しずつ変わってきた。各支店の営業方針を決める営業企画部の会議に呼ばれ、ずいぶん「先物・オプション」について説明し、市場での重要性も認知されるようになった。

しかしやはり現場の営業マン、個人投資家にとってオプションはわかりにくいものだったようで、「先物・オプションを前面に出す」というよりは、非常に詳しい人向けのやや特殊な商品という位置づけだった。それでも、バブル崩壊以降の下げ相場に入り、社内でも青ざめる営業マンが多いなか、積極的に先物・オプションを薦め、顧客に大きな利益をもたらした営業マンは、まさに勝ち誇っていたのである。

転職、そしてAIJへ

97年夏、私は英国ロンドン勤務を命じられた。そこで5年間、管理職として欧州株の売買を担当した。現地トレーダーの親分のような仕事だ。ロンドンから帰任したときにはエクイティ本部に配属され、私は本部でもっとも若い部長となった。

しかし野村證券の人事の若返りは早かった。4年後には、私はすでに本部の最年長部長になっていたのだ。全社的には、下の年次からもどんどん役員が誕生していた。

野村證券の待遇に不満はなかったが、ちょうどこのころ、銀行系のみずほ証券から熱心な誘いを受けていた。「乞《こ》われるうちが花」だと思い、25年間勤めた野村證券に別れを告げたのだ。

しかしわずか2年で、私はみずほ証券を去ることになった。

エクイティグループの仕事をまかされていたのだが、折悪しくサブプライム問題が進行し、株式相場は世界的に下げ相場にはいっていた。

日本の市場が２００７年６月に、ニューヨークは10月に天井をつけているなか、ロンドンのエクイティトレーディング部門が大きな損失を出した。そのせいで、エクイティ部門全体の収益を黒字にする見込みはなくなってしまった。

結局私は、ロンドンの損失の責任をかぶせられる形で退社を迫られた。

ほんの前日まで「最後まで見捨てないでくれよな」などと言っていたみずほ生え抜きのグループ長にある朝呼ばれた。

「来月末で退いてくれないか」

たったそれだけ言われておしまいだった。理由を聞いても答えは虚《むな》しかった。

「風だよ、風。風なんだ。仕方がないんだ」

その日のうちに退社手続きをして、午後には部下を集め「今日で退社することになった」と伝えた。

転職してわずか2年。あっけない幕切れだった。

失業した私はすぐに再就職先を探し始めた。もちろん証券業界を希望したが、証券業界の環境は厳しく、また、外資系も軒並み日本法人の縮小に動いており、現職並みの処遇での再就職は絶望的であった。数社のヘッドハンター会社、転職サイトなどに登録してはみたものの、はかばかしい結果は得られなかった。

「証券業界ばかりにこだわるからいけないのだ」と、一転、私は健康・生活関連の事業に目をつけた。それまでの貯金を元手にフランチャイズチェーンに加盟し、地元で小さな事業を始めてみたのだ。だが、結果は散々だった。景気は予想した以上に悪かったのだ。半年後に撤退を決めた直後、チェーン本部までが突然倒産した。

野村證券、みずほ証券時代の貯《たくわ》えのほぼ全部を私は失った。

フランチャイジー撤退を決める以前から、引き続き証券業界への就職活動も行っていた。始めてすぐに「これは無理そうだ」と感じていたせいだ。しかし、環境は春先よりも一段と悪化していた。ようやく大手システム系の子会社である投資顧問会社から内定を獲得したものの、入社手続き中の08年9月、世界はリーマン・ショックに襲われ、その後、採用も取り消された。

人材紹介会社に頼っても意味はない、金融の世界は結局人間のネットワークとコネなのだ。「もう野村のOBルートに頼るしかない」と思っていたとき、私の前に現れたのが浅川和彦だったのである。

浅川との初面接

私と浅川の最初の出会いは、08年10月2日だった。9月に起きたリーマン・ブラザーズ倒産の直後である。

「面接をするから」と呼ばれて訪れたＡＩＪ投資顧問は、日本橋髙島屋の大通りを1本奥に入った雑居ビルの8階だった。地下にある居酒屋がビルのオーナーで、2階から11階までをテナントが借りていた。1フロアに1社の造りになっており、8階でエレベーターを降りると、3畳ほどのスペースに受付専用の電話がのったスタンドがぽつんと置かれている。外資系のヘッジファンドのように、来客の度肝を抜くような派手なしかけはどこにもない。

内線電話で名を告げると社長室に通された。

短い廊下を通り社長室に入った。

正面に浅川のデスクがあり、右手のデスクには秘書らしき中年の女性が座っていた。手前の応接セットに座り、浅川に聞かれるまま、野村時代の経験、みずほ証券をやめたいきさつなどを話した。その話をする間、右側のデスクの女性がじっと私を品定めをするように、面接の様子を見つめていたのが妙に印象に残った。彼女が浅川の秘書であり、同時に総務・人事担当の役員でもある高橋成子だったのだが、そのときはまだ知るよしもなかった。

面接は短時間で終わり、すぐに昼食に誘われた。

「いますぐはポストがないかもしれねえんだ。だけど、オプションに詳しい人間はほしい。しばらく検討するから時間をくれ」

そんな話だった。

数日後浅川から電話があった。

「やっぱりすぐというのはムリだ。すまんなあ。半年後にもう一度来てくれないか。お詫びといっちゃなんだけど、飯を食おう。今日はだいじょうぶか」

1社だけ内定していたところがあったため、それほど大きな落胆はなかったが、とりあえず誘われるままにＡＩＪ投資顧問を再訪した。

1軒目は銀座のらん月。私が肉をリクエストしたからだ。浅川はあまり肉は好きではないらしく、特注ハンバーグを注文していた。リーマン・ショックで運用は大変なはずだが、そんなそぶりはおくびにも見せなかった。結局、そのあと2軒はしごし、赤坂で別れた。

終電ギリギリだった。

それが10月のことだったが、月末に内定が決まっていた会社の採用は取り消され、年末にはフランチャイズ事業からも撤退した。店舗は完全に返却、同時にすすめていた就職活動はひとつも結果が出なかった。

09年、私はなにひとつあてもないままの正月を迎えたのだった。

「ＡＩＪになんとか決まらないだろうか」

そのぐらいしか、考えることはなかった。

投資顧問という仕事

「投資顧問会社」が、ＡＩＪ年金消失事件の大きなキーワードになった。

しかし投資顧問という会社がいったいどんな仕事をしているのか、一般の人にはあまりなじみがないだろう。

そもそも投資顧問会社は１９９０年前後、日本版ビッグバンの名のもとに進められた金融自由化、規制緩和の流れのなかで増え始めた「職種」である。

88年の日経平均先物、89年のオプションの上場もその流れのひとつであり、90年には投資顧問会社による年金運用も一部解禁となった。99年には全面解禁となる。

もともと、日本では投資顧問という仕事は証券会社の中で行う業務のひとつだった。たとえば野村證券には「海外投資顧問室」というものがあり、海外の機関投資家向けに投資、運用のアドバイスを行い、実際のオーダーも野村證券がもらう、という形だ。いわゆる「手前味噌《みそ》方式」である。アドバイスする部隊と、注文を取る部隊が両方、同じ証券会社内にあるということだ。それがだんだん、同じグループ内でも分離されるようになり、最終的にはアセットマネジメントというような名称で別会社を作るようになっていく。

そうしたものに加えて、独立系とよばれる中小の投資顧問会社が増えていったわけだが、「投資顧問会社」には、投資に関する助言だけを行う「投資助言業」と、資金をあずかって実際に運用を行う「投資運用業」のふたつがある。

「投資助言業」は玉石混淆《こんこう》でスタイルはさまざまだが、「投資運用業」は伝統的な分散投資型のポートフォリオ・マネジメントを行うものが主流だ。相場が上がれば儲かり、相場が下がれば損をする、という基本を踏まえた上での方式。だからこそ投資先を分散させて、できる限りリスクを少なくしようとするタイプで、本来公的年金などの運用はこの方式だった。

大きく利益が出なくても、年金という性質上、できるだけローリスクで運用するために、国内株、国内債、国内株、外国株、外国債の４つに運用資産を分散し、堅く堅く運用するというものである。大手グループの投資顧問会社はほとんどがこの手法だった。こちらの世界にいる人は、基本的に保守的で、社員も非常に紳士的なイメージの人が多い。運用利回りがマイナスでもベンチマーク（指標）である株価インデックスや債券インデックスにさえ大きく負けなければいいので、サラリーマンタイプでも十分勤まるのだ。

もうひとつが、ヘッジファンドスタイルだ。相場が上がったら儲かるというだけではなく、デリバティブや空売りを積極的に使って、下がる局面でも利益が出るように、あるいは大きく儲かるようにと考えるスタイルである。つまり、買いだけではなく、売りからもはいることで、相場が上がるときも下がるときも収益チャンスを得ようということだ。こうした投資顧問会社は、最初は小さなものが多く一匹狼的な存在だった。それがだんだんに規模が大きくなっていったのである。欧米の場合70年代から80年代にかけて、株式相場が右肩上がりの時代は終わり、一定の範囲内で上下するボックス相場に入ったということもあった。こうしたときにでも儲かる可能性を探るなかでヘッジファンドというスタイルが増えていったということだ。

ＡＩＪ投資顧問もそのひとつである。

日本の独立系新興投資顧問会社のひとつの典型は、外資系証券会社などでトレーダーとして大きく稼いだ人が独立して興したものだ。もともとは国内の証券会社にいて、それがヘッドハンティングで高給の外資系に転出し、自己資金が貯まったところで独立するというタイプだ。だいたい営業のスペシャリストと組んで小さな会社を作る場合が多い。運用担当、営業担当がそろって自己資金さえあれば、パソコン1、2台と小さな事務所だけで投資顧問会社をはじめることは可能なのだ。

取引以外のバックオフィス業務は、海外籍のファンドなら、プライムブローカーというものに任せることができる。特に現物の株を扱う場合、銘柄数が増える上、配当や権利関係の処理が非常に煩雑になるので、こうした事務代行をまとめて引き受けてくれる業者を使うのだ。

ＡＩＪ投資顧問のような投資顧問会社にいる社員というのは、元証券会社、元大手運用会社、元信託銀行、元大手アセットマネジメントといったメンバーが多い。会議ばかりで会社の運用方針通りの売買しかできないことに飽きたらなくなったファンドマネジャーが、こうした規模の小さい投資顧問会社のトレーダーに転ずる場合が多いということだ。

ヘッジファンドが扱う商品は、実にさまざまである。現物の株が多い場合もあれば、原油や為替《かわせ》を扱う場合もある。

ＡＩＪ投資顧問が対象にしていたのは、ほとんどが先物とオプションに限られていた。これは、浅川に初めて会ったときから聞かされていた。日経平均の先物・オプション、国債の先物・オプションがほとんどで、余資運用としてアメリカの生命保険証券と、未公開株に多少投資を行ってはいるものの、現物の株はまったく扱っていないということだった。

できることなら運用の現場に立ちたかった私は、最初の頃、「将来的には中国株などを組み込んだファンドを作ったらどうだろう」と話したことがあった。だが浅川の意見は「まだ中国は下がるだろう、どこかで大底をつけたときに中国株ファンドを余資で組み入れる、というのもいいかもしれないが、まだ無理だな」ということだった。

浅川に聞いた限りでは、ＡＩＪ投資顧問の先物・オプションのストラテジーはごく常識的なものに感じられた。オプションの売り戦略のファンドをこれ以上拡大することは市場規模からいって無理だと思っていた私は「おなじ先物・オプションでも、もう少しリスクをとるストラテジーのファンドを新たに作って顧客に選ばせたらどうか」と提案したことさえある。

いま思えば、私が常識的、堅実と感じた手法はまったく虚偽のものであり、その収益もなにもかもが粉飾だったのだ。

初めて浅川に会った2008年の10月よりずっと以前から、浅川はＡＩＪ投資顧問の他のトレーダーが与《あずか》り知らぬところで、とんでもなく非常識なトレードを行い、すでに大きな損失を出していたということになる。

ある疑惑

09年も2月になった。「半年後ぐらいなら来てもらえるかもしれない」という話をあてにして、私はおそるおそる浅川に電話をかけてみた。

「とりあえず会社に来いよ」という話にオフィスを訪ねると、快活な浅川に迎えられた。

「待たせたままで悪かった。とりあえず四半期報告書を書く仕事をしてもらう、ということでよければ5月めどで来てくれ」

そのときの私にとって、浅川は地獄で仏のような存在だった。

「よろしくお願いします」

みずほ証券を辞めてからほぼ1年が経とうとしていた。

「結局たよれるものは野村のＯＢだけということか」

給与は「当初は月40万円ぐらいからで」ということだった。野村證券を辞したときの年収は1000万をはるかに超えていたし、ヘッドハントされたみずほ証券ではさらに高額の年収を得ていたことを思うと、月額40万円というのは、かなり安かった。ボーナスは1ヶ月だから、年収は500万円強である。それでもまったく仕事が見つからず、すでに貯金もあぶなくなっていた私に選択の余地はなかった。

「よし、飲みに行くぞ」という浅川の掛け声で、AIJ投資顧問の社員、そしてアイティーエム証券の社員10人ほどとともに、銀座の焼き鳥屋に繰り出した。

アイティーエム証券は、AIJ投資顧問が運用するファンドを専従で販売する実質的な「営業部隊」である。旧山一證券出身の西村秀昭《ひであき》が1998年に設立した会社で、AIJ投資顧問と同じビルの7階、つまりひとつ下のフロアにある。

設立の98年当時といえば、証券業界では手数料の自由化とインターネット取引が広がりはじめた時期だったが、西村はこうした新しい潮流には目もくれず、昔ながらの泥臭い証券営業にこだわった。しかし会社はなかなか軌道にのらず、挙句悪質な顧客に大口の買い付け代金を踏み倒されて、アイティーエム証券は倒産寸前まで追い込まれたことがある。

浅川はそのときアイティーエム証券に資本を提供、実質的な支配下に置いたのだ。アイティーエム証券は、浅川が海外に設定した私募投信専属販売会社となっていたのである。

私の入社が決まる少し前、08年のことだが『年金情報』という年金専門誌に、AIJ投資顧問に関する記事が載った。雑誌が行った「投資顧問会社についてのアンケート」で、AIJ投資顧問は顧客全体評価ナンバーワンになっていた。過去14回実施された調査で、大手以外の会社が首位になることは初だった。

しかし、翌09年、この専門誌に「一部に運用益は非常に高いが、運用情報の開示がほとんどない運用会社がある」と指摘され、警戒を促す記事が載ったのだ。社名こそ伏せられていたが、読む人が読めば、それがAIJ投資顧問であることはすぐにわかる記事で、前年末に起きた「マドフ事件」の日本版なのではないか、との危惧《きぐ》が記されていた。

マドフ事件とは、史上最大の金融詐欺と言われた事件である。

被害総額6兆円。バーナード・マドフによる犯罪だった。マドフは、NASDAQの元会長にして、マドフ証券の創業者という「成功者」だった。彼は投資家から巨額の資金を集める。そして「運用する」と称して実は一切運用せず、元金を取り崩しながら10%ていどを投資家に還元していた。つまり「ねずみ講」を働いていたのである。

マドフの経歴、実績、名声は揺るぎないもので、しかも非常に魅力的な人物であったという。彼に運用を任せたいという有名人、セレブが列をなし、資金はどんどん膨れ上がっていった。そこから10%ずつを配当として還元している間、その詐欺はバレることがなかった。それが約25年も続いたのだが、リーマン・ショックに際して、資金繰りにこまった投資家らがいっせいに資金引き上げを要求する。そこにいたってマドフは資金の返還に応じられなくなり、はじめて巨額の被害が発覚したのだ。

被害は個人投資家のみならず、マドフのファンドに投資を行ったHSBC、BNPパリバ、野村證券なども大きな損失を被ったのだ。

『年金情報』誌は、AIJがマドフと同じようなことをしているのではないか、つまり集めた資金を実際には運用していないのではないか、という懸念を示していた。

しかしAIJ投資顧問の社内はまったくこれらに無頓着《むとんちゃく》なようで、業界誌に出た記事のことも、検査のこともいっさい話題にはのぼらない気楽そのものの飲み会だった。アイティーエム証券の社員もまじえた飲み会のその日は、アイティーエム証券に金融庁の検査もはいっていた。ごく普通の証券検査で、アイティーエム証券は設立以来二度目という。

その気楽さは、いま思えば不思議なくらいである。記事の「懸念」がまったく事実無根であったとしても、顧客である厚生年金基金がほぼ確実に読んでいる専門誌に出た記事である。顧客からの問い合わせもあっただろうし、それを理由に解約を検討する基金もあったはずだ。本来であれば営業部隊をはじめとして、かなりピリピリする空気も流れそうなものだが、ＡＩＪ投資顧問、アイティーエム証券、いずれも社員たちは実にのんびりしたものだった。

飲み会の席では、アイティーエム証券の営業マンが初めて確定申告（年収２０００万円以上）をしたという話も聞こえてきた。

ＡＩＪ投資顧問の運用資産２０００億円に対する信託報酬は１・５％＝30億円。運用益が８％とすると、成功報酬がその20％でさらに32億円。たった11人で年間収益62億円の超高収益会社なのだから、「景気がいいのだな」と私は単純に思った。

ＡＩＪ投資顧問は浅川社長以下11名の小さな会社だった。役員は人事、労務、資金管理、会計などを担当する高橋成子と、運用担当の松木新平。

初めて浅川と面接したとき、じっと面接の様子を観察していた女性が、こうした役割を持つ役員だったことはこのとき初めて知った。

松木取締役は浅川同様、野村證券出身。オプションのトレーダー時代、エクイティ本部で常務を務め、くるくる代わるエクイティ部長と違い、長年にわたって私の大ボスだった人物だ。私は「浅川ルート」での面接だったが、半年前の面接のとき数年ぶりに会って挨《あい》撈《さつ》をしていた。

ＡＩＪには、運用部と企画部がある。

運用部は松木を含めて6名、外国人1名、女性事務員1名を含み、ほかは40代後半から50代前半。いずれも運用会社、中堅証券会社を経て、ＡＩＪ投資顧問に入っていた。

私が配属された企画部は、中堅証券会社出身の新庄と女性事務員の2名だけだったが、そこに私が「部長」という肩書きで配属されることになっていた。

アイティーエム証券のメンバーは、のんびりしていて素朴な人間ばかりそろっていた。野村證券の営業マンを見慣れた私の目には「こんなにのんびりしていてだいじょうぶなのかなあ」と思えるほどだった。

アイティーエム証券社長の西村秀昭は山一證券出身。営業担当執行役員の小菅《こすげ》康一は野村證券出身で40代後半、オプション取引には詳しくないが、野村ＯＢの松木が運用を担当していることですっかり安心している様子だった。

ほかに「キレモノ」という雰囲気はまったくないが、どこか憎めず新規開拓トップの峰岸、東北弁を武器に年配の常務理事に気にいられる堅田《かただ》、ほか、証券会社出身の2名、30代で異業種から中途入社した2名という陣容だった。

焼き鳥屋を出て、２次会は銀座のスナックへ。浅川の「行きつけ」らしい。10人ほどで飲んで9時ごろ解散した。私はとりあえず就職先が決まったことにほっとし、また人のよさそうな社員たちに、安堵《あんど》感だけを抱いて帰路についた。

実は、ＡＩＪ投資顧問への入社が決まりそうだということを、野村證券時代の同僚に話したとき「ちょっと悪いうわさが出ているぞ、だいじょうぶか」と言われたことがあったのだが、「先物・オプションで安定的に利益が出ること自体は、別に不思議じゃないだろう?」と答え、まったく気にもしていなかった。

いま思えば、この時期すでに浅川はいわゆる「自転車操業状態」で、新規契約での資金と、解約払い戻しをなんとか釣り合わせるために必死の状態だったのだ。

しかし、営業マンたちがことさら新規契約開拓と解約阻止に必死だったか、と言えばとてもそうは思えなかった。

第三章

浅川という怪物

ゆるい営業会議

5月1日、私は初出社の日を迎えた。「証券マンは7時には来るんだよ！」といきなり浅川に一喝されたのは第二章に書いた通りである。

その日に、ちょうど月例の営業会議があった。これは、ＡＩＪ投資顧問とアイティーエム証券合同で行うもので、ＡＩＪの浅川もアイティーエムの西村社長も出席する。

アイティーエム証券の営業マン7人が順番に1ヶ月の報告をするのだが、ほとんどの社員が西村ではなく、浅川のほうを向いて報告している。ひとりの持ち時間は5分。

「A年金基金は運用委員会でＡＩＪの採用が内定し、来月の代議員会で正式に採用が決まります。金額はたぶん5億。理事長がやる気になってますからほぼ間違いないでしょう」

「新規を狙っているB基金ですが、先週末に常務理事と打ち合わせの結果、さらに資料がほしいとのことで、来週再度訪問予定です。たいへん好意的な感触で、おそらく来月の理事会でプレゼンです」

「C年金基金は運用資産配分の見直しを進めていますが、総幹事を交えた理事会で、伝統的な資産運用比率を40％から30％に落として、オルタナを5％から15％に引き上げる方向です。比率を落とされるほうの総幹事は抵抗していますが、理事長と常務理事のハラは固まっていますから、間違いなく通ると思います。採用候補はウチと××社です」

そういった報告が、あまり緊張感なく続いていく。

時折、浅川や西村が仕事とはまったく関係のなさそうなところでツッコミを入れる。

「どうせそのあとカラオケだろ。ヘタくそなくせにまた歌ったのか？」

「あー、あの常務ね、最近また太ったんじゃないの」

などという実にどうでもいいようなネタだ。野村證券の〝伝説のスーパーセールス〟浅川が出席する営業会議にしては、ずいぶんとゆるい会議である。

「年金基金相手というのは、ラクそうだなあ」

それが最初の印象だった。

ちょうど3本のファンドの募集が終了しており、解約があった分だけを再販することになっていたので、そんなにあくせくと営業する必要もない、ということなのだろうか。

しかし、営業マンの報告にわずかでも「解約」につながる匂いがあると、浅川は決して聞き逃さなかった。

「え〜、来月、D基金の常務が交代されることになっております」

それまで、軽口をたたきながら聞いていた浅川の目から笑いが消えた。

「あそこの常務は長かったな。一度送別会をセットしてくれ。新しい常務が来たらすぐに西村を連れて挨拶《あいさつ》に行って来い。いいな」

スーパーセールス浅川の片鱗《へんりん》が見えたような気がしたものだ。

30分ほどで、営業会議は終了した。

「じゃあ、今日は九条部長の歓迎会だな。峰岸くん、今日はどこを予約したの？」

会議中はほとんど発言もしなかったアイティーエム証券の西村社長がいきなり元気になった。

峰岸はアイティーエム証券の営業マンだが、いわゆるやり手のタイプではない。ただ、どこか人を和ませる雰囲気を持っていた。浅川はなにかというと、「ほんとに出来の悪い営業マンだなあ」「頭悪いにもほどがあるぞ」と馬鹿にしながらも峰岸をかわいがっており、つねに最後には助け舟を出していた。もともと浅川のすすめでアイティーエムに入社した「浅川派」でもある。

アイティーエム証券は、もともとは西村をはじめとする元山一證券の社員を中心として立ち上げたものだったが、創業以来のメンバーはもはや西村以外に1名しかおらず、峰岸を含めてほかの4名が浅川の口利きで入社している。異業種からの転入組2名をのぞけば、心情的にもアイティーエム証券の営業マンはほとんどが「浅川派」といってよい。

営業会議のあとは、毎回出席者全員の食事会になるのが決まりだった。費用はアイティーエム証券持ち。毎回食事会の店を決めるのは峰岸の担当だった。西村はいわゆる「グルメ」で、むやみに食べ物の好みがうるさい。自らグルメブログを作って料理の写真や評価、うんちくを公開していた。浅川はまったくグルメ趣味はなく、むしろジャンキーな食べ物を好むのだが、非常に好き嫌いが激しい。

西村をヘタな店に連れて行くと「いまひとつだねえ。味もサービスも二流というところだね」とくる。浅川の場合は「なんだ、この店はオレが食えるもんぜんぜんねえな。アジフライとかねえのか」だ。

この両者を満足させるべく、人のよい峰岸は「イヤダイヤダ」と言いながらも、プライベートでも人知れず店の新規開拓を進めていた。

峰岸はふたりのうるさ型を満足させるため、仕事以上の労力を費やして営業会議後の行き先開拓をしているようでもあった。

峰岸を筆頭に、アイティーエム証券の営業部隊は、総じて営業マンとしてはどことなく頼りないのだが、いわゆる「いい人」が多く、周囲を和ませる雰囲気を持っていた。オプションという、リスクのある商品を売っていたわりには、会社全体の雰囲気にとげとげしいものはまったく感じられない。リスクへの認識が低かったのか、あるいは、いつの間にかリスクの存在をわすれていただけだったのだろうか。

年金の外交に必要な統計をきちんと把握している人間も少なく、パソコンも苦手な人が多かった。柔和で温厚な人間性を武器にして、年金基金の常務理事たちと気長に話をしつつ、信頼を勝ち得て、最後は浅川にバトンを渡す、という営業パターンを続けていたようだった。

「企画部長」の仕事

初出社から数日後、仕事の内容について浅川から説明を受けた。

「うちはなあ、営業用の四半期報告書が弱点なんだよ。別にこんなものは作る義務はないんだがな、ほかはどこもカラフルで見栄えのいいものを作ってるんだよ。運用成績はぱっとしねえくせに。うちは人数が少ないから、これまでは適当な資料の寄せ集めを貼りあわせて作ってたんだが、評判が悪いんだ。専任の担当者が自分の言葉で書いてないから、説明もスタイルも報告書ごとにバラバラだし、年金基金についてるコンサルからは、運用内容の開示がなってない、とか言われている。営業部隊からも、俺に面と向かっては言わないが、陰では〝もうちょっとマシなもんを作ってくれ〟と文句が出てるんだ」

「なるほど、わかりました」

営業マンが顧客向けに持参する四半期報告書を書いてほしいという話はあらかじめ聞いており、過去のものも渡されてすでに目を通していた。義務付けられているのは法定帳簿の運用報告書だけだ。だが、通常ファンドを運用する投資顧問会社は「四半期報告書」を独自に作成して、販売会社を通じて顧客に運用損益、その損益が出た理由、相場環境、そして運用内容を説明するものだ。つまり営業用資料ということだ。

こうしたものを作る「法的義務」はないのだが、無味乾燥な法定の運用報告書だけではわかりにくいし、顧客が満足するはずもない。また、これがないと実際の先物・オプション取引をよく理解していない営業マンには、どう答えていいのかわからないという事態になることもある。

確かにＡＩＪ投資顧問の四半期報告書は、いかにも素人が作ったような貧弱なものだった。アイティーエム証券の営業マンが「なんとかもうちょっとマシなものを作ってほしい」というのはもっともだった。

「この報告書をなんとかしてほしいんだよ」

浅川はさらに続けた。

「四半期報告書で一番大事なのは、〝くわしすぎてもいけないが、ウソはいけない〟というところだ。とにかくこれだけはおさえてくれ」

私には、浅川の言う意味がよく理解できた。

入社以前から、ＡＩＪ投資顧問が大量の売買を行っていることは聞いていた。

私は２００８年10月の面接で浅川に初めて会ったと書いたが、正確に言うとまだ野村證券にいた時代に、一度だけすれちがっている。浅川は04年にシグナ投資顧問を買収し、本格的な運用を開始するが、その直後くらいにオーダーを獲得しようと、私は部下を連れてＡＩＪ投資顧問を訪れたことがあったのだ。対応してくれたのは松木取締役だったが、当時からＡＩＪ投資顧問の売買高は、野村社内でも、市場でも注目を集めていたのだ。

ＡＩＪ投資顧問が扱っていたのはエイム・ミレニアム・ファンド、ミレニアム・ストラテジー・ファンド、クレスト・ファンドと名づけられた海外籍の私募投信である。

02年から08年度末までの損益を見せてもらうと、なるほどそのほぼすべてが年間でプラスである。マイナスになっていたのは06年度のミレニアム・ストラテジーだけで、マイナス14・32。02年度のエイム・ミレニアムは年間35・58のプラスだった。私が入社する直前の08年度は、それぞれのファンドが、7・45％、6・99％、8・94％となっていた。基金によって、ファンドの組み合わせや配分は違うが、確かに着実に利益が出ていると考えられた。私はこの数字を疑わなかった。「オプションのプロが運用していればなんの不思議もない」と思ったからだ。むしろ少ないくらいではないか、とさえ感じた。

私が四半期報告書などを作成するようになってからの3年間に、少なくとも2回、普通なら損失を避けようがない相場展開があった。２０１０年5月のゴールデンウィーク。そして11年3月の東日本大震災後である。この2回、日経平均は急落した。これを事前に予測して運用し、損失をまぬがれられたら神の領域である。

この2回は、最低でも5～10％、悪ければ20％以上の損失を覚悟していたのだが、それでも、ＡＩＪ投資顧問は両月ともプラスで終わった。

浅川の説明は実に簡単だった。

「ゴールデンウィーク中は自分を含め主要な運用担当者がアジアで一緒に長期バカンスを取っていたため、ポジションを全くとっていなかったから助かった」というのだ。

東日本大震災の際も「日経平均の主力運用担当者が震災前から手術で入院しただろう？　日経平均のポジションはほとんどなかったし、地震直後の20分間で買い戻すことができた」という。

「いやあ、ラッキーだった」

浅川はニコニコしながらそう話していたのだ。

実際にそのとおりであれば、損が出なかった理由としては納得できる。確かにゴールデンウィーク中に社員をともなっての海外旅行は浅川の慣例だったし、運用部の人間が震災前から休んでいたのは事実だった。

たいへんな運のよさで、奇跡的に決定的な場面での損失をまぬがれたというのだ。

浅川というのは、やっぱり運も味方につけているのだろう、と思った。やはりなにかを「もってる」のかもしれないな、そんなふうに感じた。

そうはいうものの、こんな裏事情を四半期報告書には書けないので、誰が見ても「この局面でもプラスが出るのはおかしい」という目で見られることになる。

私は浅川の説明を頭から信じていた。

ＡＩＪ投資顧問のような大口プレイヤーが、その運用の手の内を細かく説明することは

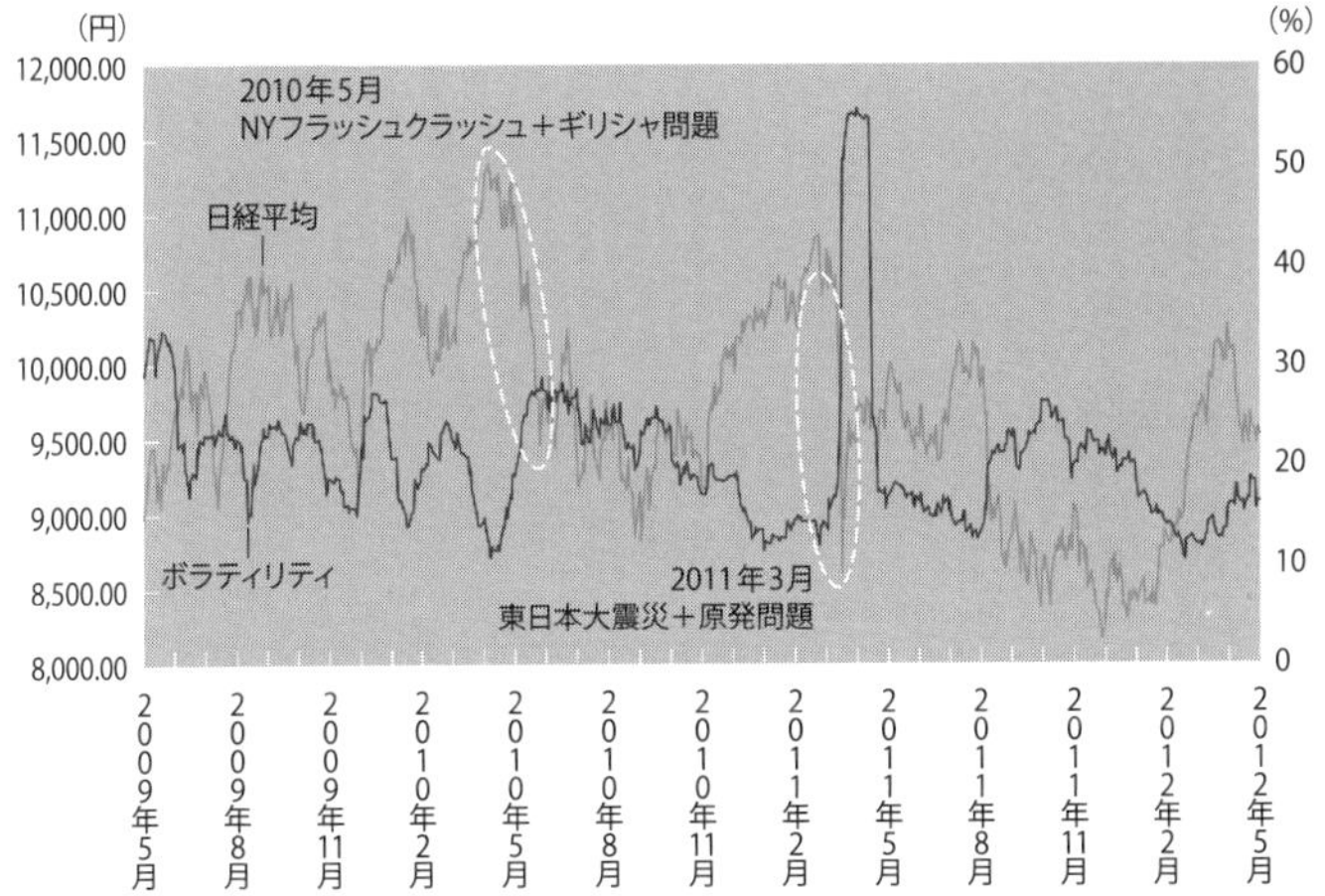

日経平均チャート　2009年5月〜2012年5月

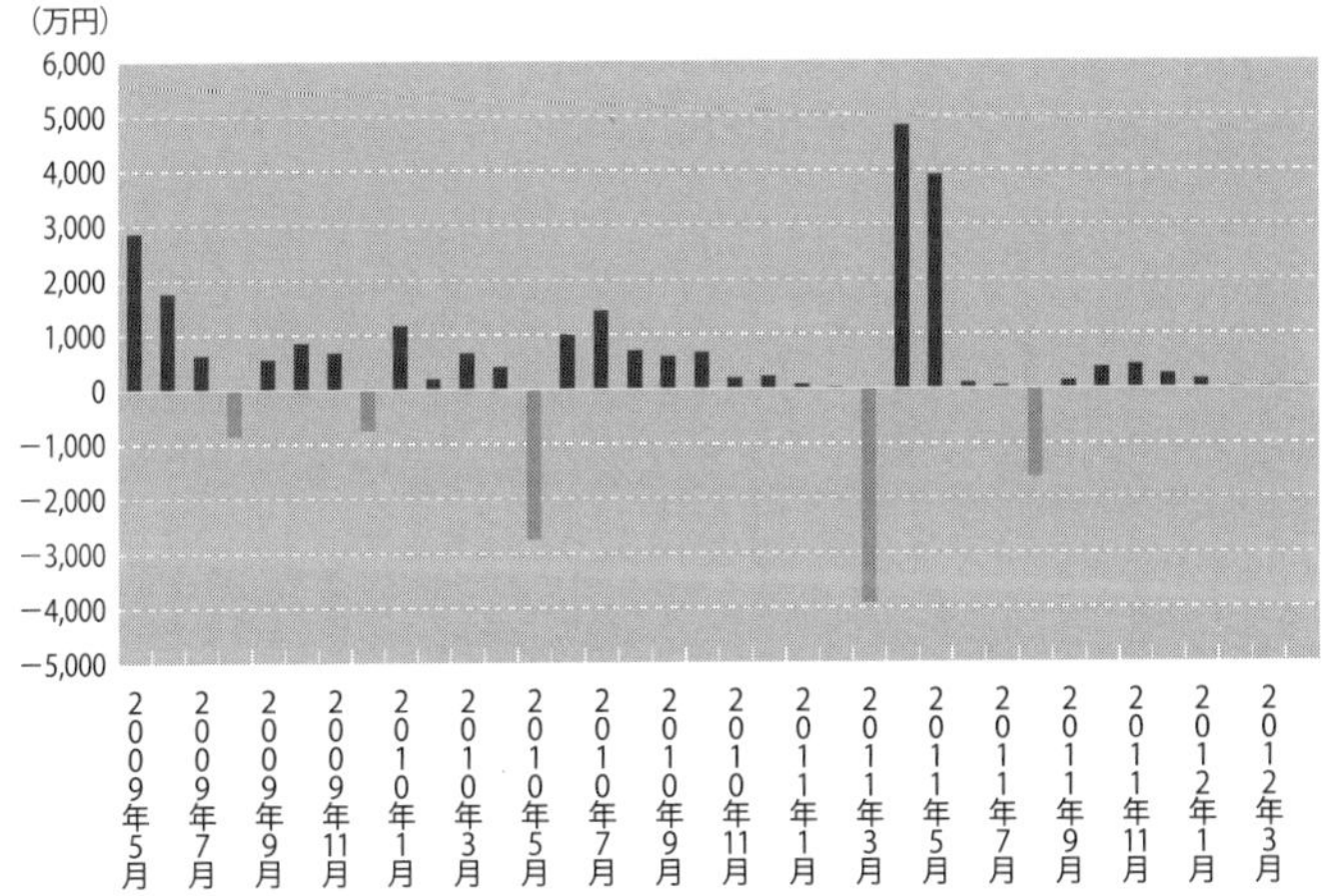

損益シミュレーション（著者作成）

2010年5月と2011年3月に日経平均は大きく下げた（上図）。
通常であれば大きな損失が出たはずである（下図）

できない。そのプレイヤーの動きを利用しようとする証券会社のディーラーや、セミプロの個人投資家を利するだけだからだ。メリットはなにもない。しかし、顧客に対して「どうやってあなたがたの資金を運用しているのか」を説明しないわけにもいかないのだ。毎月の損益を示し、その理由を必要最小限の内容で、しかも顧客にわかりやすく、同業のプロには手の内を悟られないように書く必要がある。

それが私に与えられた仕事だった。たしかに、私は「適任」だったと思う。私自身はこんな書類を書くよりは、運用部でトレードがしたいと希望していたが、先物・オプション取引の経験がない人間に、こうした微妙な報告書を作ることはできないだろう。

「よくわかりました。できる限り基金の理事さんたちにもわかりやすく、基金のコンサルに突っ込まれず、しかも手の内は明かさないヤツということですね」

「そういうことだ」

最初の四半期がやってくる前、運用担当の松木取締役から内容について話を聞いた。企画部と運用部は別の部屋なので、普段私が運用部に行くことはない。入社して初めて具体的な運用の話を聞くことになったのだ。

松木は浅川より7歳年上。この道40年以上のキャリアを持つだけあって、専門の株式相場についての見通しは「さすが」というものだった。

松木に話を聞けば、四半期の売買内容なども細かくわかるはずと私は思っていた。ところが、どうもそういうわけではないようだった。松木は実際の運用を行っており、相当大きなポジションを張っていたが、ほかの運用担当者の損益については知らないという。

株式市場について彼の経験、知識は運用部でも飛び抜けており、その点で「いろいろアドバイスはしている」というが、その先は各トレーダーが勝手にやっているということだった。各自が競い合って売買を行っており、全体を見ているのは「浅川だけだ」という。浅川自身もそれなりのポジションを張っており、全体を見ながらの調整も浅川がひとりでやっている、ということだ。

となると、報告書を作るにあたって、松木の話を聞いても、それぞれのトレーダーにヒアリングしても無駄ということになる。結局私は、月間売買高データのプリントアウトをもらった上で、浅川から毎月の損益要因を聞くことにした。

運用損益の速報値は出ているので、日経平均と債券先物のチャートを見ながら、特にキモとなりそうな局面を指しながら、「ここはどうでしたか？」という感じで説明を受ける。明らかにイージーな局面はわかるので、やはり難易度が高そうな局面が中心だ。「ヘッジはどうでした？」「うまく乗れましたか？」という感じで進めていく。それを必要最低限の内容にまとめていくのだ。

私はいろいろと工夫を重ね、最終的に行き着いたのが、損益要因を表にして、それぞれ◎○△×で示すものだった。たとえば、「逆張りからの損益」「短期トレードからの損益」といったものを書き出し、それぞれに○や△をつけていく。これなら具体的に個別の売買内容を細かく開示しなくても、運用内容を大まかに伝えることができると考えた。

「短期トレード」が△で「逆張り」が◎ならば、「短期トレードの損益はほぼプラス・マイナスゼロでしたが、逆張りで大きく利益が出ました」ということだ。

オプション取引の特性については、「津波保険」を例に出して説明するようにした。

「保険会社は毎月定額の保険料を徴収するが、大きな支払い義務が発生する津波は今後10年間起きないかもしれない。しかし、万一大津波が来たら保険会社には巨額の支払い義務が発生する。しかし保険会社は再保険をかけたり、平時に徴収した保険料を十分に積み立てておくことで万一の莫大《ばくだい》な支払い義務にも耐えられる。そこで耐えられれば、長期的に見た保険会社の収益は帳尻《ちょうじり》があう」というものだ。

ＡＩＪ投資顧問はこの保険会社のような形で、大きなリスクが襲っても長期的に耐えられる運用を行っている、と説明した。

アイティーエム証券の営業部隊は、長年同じ商品ばかりを売り続けており、しかもずっと利益が出ていると信じていたため、リスクに対する感覚が麻痺《まひ》しているように思えた。だからこそ「大きく一発やられるリスクをとっているからこそ、毎月少しずつ儲《もう》かっているのだ」ということを、説明に織り込んだ資料を作ったつもりだった。

コンサルとの対決

浅川はこうも言った。

「いずれは運用もやってもらうつもりだが、そんなわけだから頼むわ。それと、オレが行けないときは営業に同行して顧客のところにも行ってくれ」

初出社の日、すでに用意されていた名刺に記された私の肩書きは「企画部長兼クライアントサービス担当」である。

アイティーエム証券の営業方式は、営業部隊がせっせと外交に通って種を蒔《ま》き、あとひと押し、というところで浅川が出馬して一気に決める、というパターンだが、浅川のアポが重なった場合などに、代打で私が出張ることになった。

四半期報告を行う場合に、私がアイティーエム証券の営業マンに付きそう形で行くこともあった。浅川は「営業マンを甘やかしてはいかん！」が口癖で、オプションの仕組みをうまく説明できない営業マンにやたらに助け舟を出すことはなかった。「営業マンなら自力で説明してこい」というわけだ。

ただ浅川の判断で一部の「特別な」顧客については、私の派遣が認められた。「特別な」顧客というのは、「うるさいコンサルタント」がついている場合だ。

ほとんどの年金基金の常務理事は、オプション取引の仕組みなど知らない。いくら説明しても、なかなかわかってもらえないのだ。さすがに不安に思う基金は「コンサルタント」を雇うことになる。自分たちの代わりに、投資内容、運用手法などを問いただしてもらおう、というわけだ。コンサルタントは、四半期報告の場に同席するか、同席しない場合はあらかじめ基金の常務理事に質問内容を記したメモを渡していた。

運用手法を細かく開示したくないと考えるＡＩＪ投資顧問にとっては「特別な顧客」＝「いやな客」なのだ。そんな顧客の対応係として、私は「最適任」だった。

コンサルタントはこんな風に質問してくる。

「今回も、売買内容の開示がありませんね。もう少しくわしくお願いしたいものですが」

私はすぐさま、説明をはじめる。

「毎回申し上げております通り、当社の売買高は極めて大きいのです。運用資産約２００

0億円のうち、日経平均の先物・オプションで半分運用しています。レバレッジは最大300%ですから、瞬間的には3000億円相当の日経平均に対するエクスポージャーを持つこともありうるのです。特定の日経平均オプションですべて持つと、約3万枚になります。オプション市場全体の売買高や1銘柄あたりの売買高・建玉《たてぎょく》はご存じでしょうか？これは極端な例ですが、そのような情報を開示するメリットは当社にとっても顧客にとってもなにもありません。むしろマイナスになってしまうのです。それを逆に利用されることもあるからです。私どもは売買手口が漏れないように相当注意深くやっています。そもそも、そのために開示規制のゆるい海外私募投信を使っているわけですから。代わりに、損益の要因分析を載せていますので、それを見ていただければ十分だと考えているのですが。ほかになにか、おわかりにならないことはありますか？」

ほぼこれでコンサルタントの質問は終了してしまう。

私は「コンサルタントなんてろくなもんじゃない」と思っていた。

年金基金の理事の知識不足をいいことに、意味もないポートフォリオ理論を振りかざして顧客に取り入ったヤツらだと思っていた。実際、ほとんどが証券会社出身で、よくあるパターンはまず営業で落ちこぼれ、その後運用会社に移籍、「アナリスト」とか「ファンドマネジャー」という肩書きはあるものの大した成果も出せずにあちらこちらを転々として、コンサルタントになるというものだ。理系の理論を理解していることだけが強みなのだが、ほとんどの場合営業でも運用でも実績は出していない。ブラック・ショールズ方程式など初歩的なプライスモデルをふりかざせば、顧客の前ではそれなりの格好はつくだろうが、実際のトレードを知らないコンサルタントなど、私にとって「赤子の手をひねるようなもの」だったのだ。

私がわざわざ専門用語をおりまぜて説明すれば、それ以上の論戦を挑んでくるコンサルタントはいなかった。うっかりボロを出してクライアントの前で墓穴を掘るわけにもいかない。損失が出ているのならともかく、こちらとしても「利益が出ているのだから文句はないだろう」という気持ちである。

私はつねに強気でコンサルタントと対決していた。

「これはいくらなんでも利益が出過ぎではないですか」

「もう少し詳しく売買内容を教えてください」

隣に座る常務理事のかわりに食い下がるコンサルタントもいたが、私はまったく相手にしていなかった。基金のコンサルタントなど私の敵ではないと思っていた。

しかし、愚かだと思っていた彼らのほうが、実は正しかったのだ。私の説明を信じ、契約してくれた基金、解約を思いとどまってくれた基金、私にやりこめられてばつの悪そうな顔をしていた基金のコンサルタント。多くの顔が今私の脳裏に浮かぶ。

損をさせてもクレームが来ない

浅川という男は、確かに魅力的だった。数字にはめっぽう強く、しかも愛嬌《あいきょう》がある。大《おお》風呂敷《ぶろしき》を広げてもなぜか憎めない。

とにかく年配の資産家に好かれた。いわゆるジジイ転がしだ。

浅川は決して顧客に媚《こ》びることはしない。並の営業マンでは遠慮して言わないようなこともはっきりと言う。時には「嫌なら買ってもらわなくてもけっこうです」とまで言うこともあった。「米つきバッタみたいにへーこらする営業」を非常に嫌った。それはＡＩＪ投資顧問時代も変わらなかった。言いたいことをはっきり言う分、顧客、営業マンの垣根を越えてとことん付きあおうとしていたようだ。

たとえ損がかさみ顧客が資金を引き上げることになっても、必ず自分で参上し、恐縮するどころか、有無を言わせぬ勢いで「社長、次で取り返しましょう」とハッパをかけた。資産を失った顧客がどんなに落胆していても、どんなに怒っていても、それがクレームに発展することは一度もなかったという。

営業マンとして順調に昇進していくと、自分の担当分もさることながら、部下の分も含めて目標額を達成しなければならない。目標達成のために顧客に無理な損切りをすすめ、過度な回転売買をさせる営業マンは多い。手数料を稼ぐためには、客が結果的に損をしようが得をしようが、とにかく売買数を増やしてもらうしかないのだ。こうした売買は、間違いなく顧客の損失を加速度的に大きくしていくことになる。

浅川は、回転売買をさせることでの安易な手数料稼ぎに頼らず、顧客数を拡大して顧客の資金流入を増やすことで目標を達成してきたのだ。

浅川の信条は「顧客を儲けさせるのが第一。結果として手数料をもらう」というものだった。それは証券マンの信条として、極めてまっとうだったのかもしれない。

証券会社の仕事はさまざまだ。

ひとつが「売買の仲介」である。顧客の有価証券売買を店頭や取引所で仲介して手数料を稼ぐということだ。ほかに「販売募集」というのがある。これは引き受けた債券や新規発行や増資の株式を投資家に販売することで手数料を稼ぐものだ。

そしてもうひとつが「自己売買」である。これは手数料ではなく、自己資金で有価証券を売買して収益を稼ぐというものだ。

1980年代までは、証券会社のもっとも大きな収益源は、投資判断の基になる情報を提供しそれによって受託する売買委託手数料だった。売買委託手数料率は固定化されており、その中に情報提供料も、営業マンの人件費も、販売コストも含まれていた。人件費や販売コスト、そして執行にかかわるコストは注文が1億でも10億でも変わりがないのだから、大きい注文をとるほどに会社の利益は拡大した。

一時、社会問題化した証券会社の「大量推奨販売」は手数料至上主義の典型的な形だった。野村證券の創業以来の経営理念は「顧客とともに栄える」だ。しかし、「手数料至上主義」とこの経営理念を両立させることはほとんど不可能に近い。そんななかで、成功者だった浅川は「うまく顧客に儲けさせ、手数料をいただき、万一損をさせてもクレームが来ない」という、類稀《まれ》な営業マンだったのだ。

損をさせても「次で必ず取り返す」と浅川は顧客に迫り、多くのケースで実際にそうなった。もちろんそれで顧客を納得させたのは浅川の営業手腕だったが、相場が基本的に右肩上がりの時代だったことが浅川の追い風だったことは言うまでもない。

90年代に手数料の自由化が進み、売買の執行だけを提供するネット証券も登場した。こうなると証券会社はもはや手数料だけに頼るわけにはいかなくなる。野村證券でもそれを象徴するように、営業出身の社長が出なくなり、同時に浅川のような「スーパーセールス伝説」も消えていったのだ。

「手数料至上主義」に代わってやってきたのが、欧米型の「短期収益実現主義」という新しい誘惑だった。これは短期株価引上げ至上主義ということだ。証券会社で働くものへの報酬も「成功報酬」となり「短期に大きく稼いでさっさと転職」「さっさとリタイア」が理想と考えるものも多くなっていった。かつて野村證券では、「顧客の家に毎日通いつめ、犬小屋で寝泊まりした」というような武勇伝的営業エピソードにことかかなかったが、もはやそんな営業の時代ではなくなったのだ。

90年以降相場が右肩下がりになってからは、デリバティブや海外の特別目的会社を使った「損失先送り支援ビジネス」とでも言うべきものが外資系証券の大きな収益源となっていったのだ。違法とはいえないがギリギリのグレーゾーンの「知識」を提供することがノウハウのひとつとされて、野村證券はそうしたビジネスへの「人材供給基地」のひとつだった。

自己売買と売買仲介の棲《す》みわけも進んでいった。

「本当に儲かる投資アイデアは顧客に提供せず、自己売買でやる」ということだ。資金を必要とせず、短期で勝負が決まり、収益のブレが少ないものは、会社の自己売買で収益を狙う。いっぽうで資金を必要として結果が出るまで時間がかかり、期待する収益にブレが大きいものは、顧客にアイデアを提供して手数料をいただく。

証券会社はもともと自己売買で「安い、早い、うまい」の吉野家風の取引をメインに行っていた。

しかし、「成功報酬」だけが目当ての外資系証券のトレーダーは、「安い、早い、うまい」どころか「高い、遅い、まずい（リスクが大きい）」取引をどんどん増やすようになっていった。リスクを会社にとらせて勝負して失敗したらやめるだけ、という姿勢のトレーダーが増えたのだ。その典型が破綻《はたん》したリーマン・ブラザーズで、彼らは自己資金ではとてもカバーしきれないとてつもないレバレッジをかけていたのだ。

破綻したリーマンの社員を受け入れた野村證券は急速に欧米化に傾いていった。

ＡＩＪ投資顧問の浅川、アイティーエム証券の西村は、こうした「欧米型」とはまったくといっていいくらいに違うタイプである。もはや過去の遺物に思えるほど古い「伝統的義理人情型」の営業マンだった。ひたすら泥臭く顧客のもとに通い、営業トークをかまして飲み食いしながら信頼を勝ち得るという方式は欧米型の対極のタイプである。

野村人脈がからんでいたこと、海外ファンドを利用していたことなどから、ＡＩＪ投資顧問の事件はオリンパスの損失隠しとの類似点を指摘されることがあるが、その本質はまったく違ったものだった。

つまりＡＩＪの事件は、実に古いタイプの「証券マン」によるものだったのである。ＡＩＪ事件とオリンパス事件のルーツを、浅川とオリンパス事件の指南役といわれる野村證券ＯＢ・中川昭夫が在籍したペイン・ウェーバー証券に求めるのは、大いに違和感がある。

浅川インパクト

アイティーエム証券の峰岸は、浅川に「客にへーこらするんじゃない」などと言われながらも、もう3年以上東北のある厚生年金基金に通っていた。基金の常務理事は旧社会保険庁出身で、すでにこの基金に来て6年になる。

この基金に、峰岸はリーマン・ショックのころから通いつめ、熱心にファンドの説明をしていたのだが、常務理事はオプション取引のことがどうも飲み込めず、ときどき理事会で話を持ちだしてみたものの、他の理事もオプションなどちんぷんかんぷん、特に積極的に知りたいという空気もないままに時間がたっていた。この基金は運用資産が150億円という中規模クラスの年金基金だった。運用は超がつくほど保守的で、すでに撤廃されていた5332規制にそった資産配分を続けていた。

もともと年金資産の運用は「安全性の高いものに5割以上、株式3割以下、外貨建て資産3割以下、不動産2割以下でなければならない」という規制があったのだが、1997年に撤廃され、基金は自己責任で自由に資産配分を行うことができるようになっていた。だが、この基金はあいかわらず5332方式だった。この基金は比較的新しいIT系の企業が多く、今後も基金加入者数は順調に増えることが予想されていた。若い社員が圧倒的に多く、とうぶん少子高齢化による基金財政の不安もなかった。

しかし、年金基金の制度設計には5・5％の予定利率が適用されており、運用面から年金債務に対する不安が理事の間で心配されはじめていた。

2009年度は世界的金融緩和のおかげで、この基金も3年ぶりのプラス運用益を確保できていた。11年3月、日経平均は1万500円の高水準にあり、そのままで終われば10年度末の利回りもプラスになるはずだった。

そこに起きたのが、東日本大震災だった。

日本株は急落し、結局この基金の運用利回りもマイナス0・8％と、水面下に沈んだ。

理事会の諮問機関である運用委員会でＡＩＪ投資顧問の話が議題にあがったのはこのときである。このままの状態ではいずれ年金資産が責任準備金を下回る可能性がある。給付金不足の懸念は当面ないが、運用難による年金資産の劣化を補うためにはあるていどのリスクはとらざるを得ず、次回理事会で運用資産の配分見直しを提言し、ＡＩＪ投資顧問を採用候補にしようということになったのだ。

運用委員会の提言が理事会で採用され、ＡＩＪ投資顧問は「内定」を手にした。最後の関門が代議員会だ。これを通過すれば正式に基金の運用が、ＡＩＪ投資顧問に委託されることになる。金額も10億円からと言われていた。

採用候補となったＡＩＪ投資顧問はこの代議員会で最後のプレゼンを行うのだ。年金基金の理事会は再任も多く、名誉職的な要素もあり、のんびりしたものである。しかし代議員会は少し違う。年金基金に参加する各社の現役の社長、互選で選ばれた従業員の代表などから構成されるものだ。運用の経験や知識はさまざまだが、現役ゆえの厳しい発言もある。このプレゼンで、ＡＩＪ投資顧問に与えられる持ち時間はわずか30分だ。この30分でＡＩＪ投資顧問の運用についてゼロから説明し、納得してもらわなければいけない。

こちらからは、アイティーエム証券の西村社長、営業担当の峰岸、ＡＩＪ投資顧問は社長の浅川と私だ。４名で臨むプレゼンはこれまでも記憶にない。

ここで浅川の最大の「見せ場」がやってくるのだ。浅川はこうした場で最後の一発をぶつのが大好きだった。天性のセールスマンの血が騒ぐのだろう。

峰岸がこちらのメンバーを紹介し、最初に西村が淡々と自分の会社の説明をはじめる。

「よろしくお願いいたします。アイティーエム証券社長の西村でございます。このたび、こうした機会を与えていただきましたことに、深く御礼を申し上げます。えー、まずご説明に先立ちまして、アイティーエム証券についてご説明させていただきます。私どもはAIJ投資顧問が運用しております外国私募投信を専属で販売する会社でございまして……」

たった30分しかないのに、そんなに西村に時間を使われては困るのだ。そっと横を見ると峰岸の顔にも同じことが書いてある。

「こんな話で時間を無駄にしないでくれ。そんなことは渡した資料に書いてある」

「早く浅川に渡せ！」

峰岸と私が腹の底でイライラするなか、西村は5分も時間を使ってやっと浅川にバトンを渡した。

浅川が立った。

「株式市場は腐っています！」

挨拶もそこそこに、浅川はいきなり斬り込む。

「米国市場は、サブプライムショックの余波から完全には立ち直っていません。バランスシート不況に陥っているのです。処方箋《せん》は財政出動しかありません。金融緩和で少し戻っていますが、また下がります」

よどみなく、唾《つば》を飛ばしながら一気にまくしたてる。時折机の上をこぶしで軽くたたく。

「ゴムまりも落とせば弾むように、どんな下げ相場にも戻りはあります。しかし、世界の金融市場はまだまだ、右肩下がりが続きます。現物による運用では、一時的な戻り局面で評価益は出ても、結局それを確定することはできずに絵に描いた餅《もち》に終わります。運用損が膨らみ、最後にどうしようもなくなって大底で投げることになる。それが伝統的な4資産運用の限界なのです」

「特に年金基金のみなさん。合議制で意思決定している以上、必ず相場から二歩も三歩も遅れます。上がったところで売り逃げることなど絶対にできるわけがないのです」

今度は一転しみじみとシリアスな表情で諭すようにゆっくりと説明する。

「ＡＩＪ投資顧問の運用は毎月ごく小さい利益を確保する積み上げ方式です。その利益は月ごとにみればとても小さい。わずかなものです。けれども、現物株が上がろうが下がろうが全く関係ありません」

「8％の運用でも、10年続ければ資産は2倍になります。いっぽう20％損したら、25％利益をださないと元には戻りません。損をしない運用が、一番大切なのです」

再びトーンはあがる。

20分ていどの持ち時間ではオプションの説明などできないし、中途半端に説明するとかえって顧客も混乱する。浅川の説明はこの厳しい相場環境の説明をすることで運用難に陥っている顧客の心をまずしっかりととらえてしまう。

大手運用会社の説明とは一味も二味も違う、「浅川インパクト」は絶大である。現物の運用を行う大手だったら、弱気な相場展開を積極的に語ることなどあり得ない。結局大手は無難な株価予想ばかりになるのだ。浅川の歯に衣《きぬ》着せぬ説明が際立つのは当然だった。

オプションについては、わずか10秒で説明を終える。

「確実な運用を実現するために我々はオプション取引という手段を使っています」

ここで残り時間2分。最後が私の出番だった。

「AIJ投資顧問はオプションを売ることを戦略にしております。それは保険会社のようなものとお考えください。大災害が毎月起きれば保険会社は保険金の支払いで巨額の赤字になりますが、大災害はまれにしか起きません。平穏な日々に集めた保険料で、大災害でも保険金の支払いができるように備えているのです。毎月利益が出るのは当然で、ポイントは大災害時でも支払いに耐えられるよう備える、というリスク管理です。それについてはさまざまな方法がありますが、このノウハウとテクニックがＡＩＪ投資顧問には蓄積されています」

これでぴったり30分である。

「なにかご質問がありましたら」

峰岸に促されて、２つ、３つの質疑応答があってプレゼンは終了し、私たちは退出した。そして翌日、基金の常務理事から峰岸に電話があり、無事採用が決まったことが告げられた。ＡＩＪは10億円の運用を受託したのである。

浅川は、経済環境の基本理論について、元早大大学院教授の植草一秀《うえくさかずひで》、そしてリチャード・クーから学んでいた。例の「ミラーマン事件」後に、植草を顧問に招き、ＡＩＪ投資顧問のセミナーの講師に起用したこともある。リチャード・クーはバランスシート不況理論を提唱したエコノミストとして知られる。浅川はこのふたりの本をとてもよく読み込み、理解していたようだ。特にリチャード・クーを非常に信頼していた。

「右肩上がりの経済成長は終わったので、株式を長期投資しても効果が薄い。国際分散投資も、みんな同じ方向に動くのでリスクはさほど減らない。そこでＡＩＪ投資顧問はオプションを使って、どのような状況下でも収益を狙う」

浅川は常にこう言い続けていたが、リチャード・クーのバランスシート不況理論などを踏まえてのことだった。

浅川はＡＩＪが年金の運用を始めたあたりからこの「運用哲学」を披露しつづけていたようだ。株式市場を基本弱気に見、特に「５３３２方式」の４資産運用による分散投資についてはまったく否定的だった。「右肩下がりの状況で買う株式を組み入れた運用は必ず損をする」と言い切っていた。

「シゲちゃんにないしょ」の女

浅川は孤独が嫌いだった。とにかくひとりでいることを嫌がった。

外交スケジュールはアイティーエム証券の営業マンにアポを入れさせていたが、どこにでも行くわけではない。新規契約の「最後のひと押し」や、顧客が追加を決める折の重要なタイミング、また解約しそうな兆候が少しでも見えたときにはすぐさまアポを取らせた。

週の半分以上は外交スケジュールで埋まっていく。外交がないときは、オフィスに入れ替わり立ち替わり人を呼び雑談。雑談で「情報収集」でもしているのかというと、そういうわけでもなく、ほとんどがゴルフ、競馬、麻雀《マージャン》といった遊びの話のようだった。

とにかく隙間なくスケジュールを埋めないと気が済まないようだった。わずかな時間があればすぐさま携帯で誰かしらに電話をかける。スマートフォンではなく普通の携帯だったが、電池は半日も持たない。交換用のバッテリーを常にふたつ持ち歩いていた。バッテリーを充電するのは高橋の役目だった。ハンパではない通話回数なのだ。社内外あらゆるところにしょっちゅう電話をかけ、しかも相手が出なければ数分おきにかけ続ける。


昼食時に来客があれば浅川はかならず昼食に誘う。来客がなければ社員に声をかけた。オフィスは運用部と企画部にわかれているのだが、運用部が社長室に隣接しているため、最初のターゲットは運用部だ。運用部の人間がすでに出かけていれば私たち企画部を誘い、ＡＩＪ投資顧問の人間が続くと今度は階下にあるアイティーエム証券の「浅川派」を誘うのだ。

その日は企画部だった。

昼少し前、浅川が企画部の部屋に顔を出した。

「お前ら飯行くぞ」

私と隣席の新庄が「わかりました」とうなずくのも待たず、浅川は部屋を出ていく。あわてたふたりで後を追って廊下に出ると、すでにエレベーターホールに浅川の姿はない。私と新庄のふたりがエレベーター前まで行くほんの30秒が待てないのだ。

「ほんとにせっかちなんだから」

階下に降りると浅川はビルの前で電話をしている。

浅川は既婚者だが、5年ほどの付き合いのA子という女性がいた。入社当時、高橋が浅川と特別な関係にあるのかもしれない、とふと思ったこともあったが、そうではないようだった。浅川と高橋の付き合いは長いから、過去はわからないが、少なくとも私が知っているときにそんな気配はなかった。

高橋は堅実を絵に描いたような性格で、物静かで地味なタイプだ。浅川の女性の好みはもっと派手で、はっきり物を言うタイプの女性だったように思う。

そのとき電話をかけていたのが、当時付き合っていたA子だ。その彼女のことを浅川は社内の人間にまったく隠そうとせず、昼食や飲み会にしばしば同席させていた。

ただし、高橋にだけは「秘密」ということになっていた。秘密といっても、「形だけ」で、高橋が気づいていなかったとはまったく思えないのだが、浅川は高橋の言うことだけは渋々でも聞くところがあり、実際自分にはない堅実さを信頼していた。

当時、高橋が浅川の愛人ではなかったとすれば、浅川がA子の存在を隠す必要もなかったはずだ。会社の金を高橋に隠れてA子に貢いでいた、というようなことがあれば高橋は決して許さなかったと思うが、そもそも大雑把な浅川に、「女のために会社の金をごまかす」ような器用な真似はできないだろう。単に、バツが悪かったのだろうか。浅川がA子の存在を高橋にだけ隠そうとしていた理由はいまもわからない。

高橋の昼食は、つねにひとりだった。弁当を持ってくるのを見たことはないが、いつもひとりで外に出て食べているようだった。他の社員を誘うこともなかった。夜、居酒屋やスナックに同行することは時折あったが、昼だけは必ずひとりだった。A子のことを「知らないふり」をするためだったのか、それとも昼ぐらいひとりでのんびりしたかったのか、それはわからない。

浅川は非常に食べ物の好き嫌いが激しい。特に刺身など、日本食系の料理はほとんどだめだ。日本橋老舗《しにせ》の洋食屋「たいめいけん」は浅川のお気に入りのひとつだった。人気店で、この日も1階は満席だった。しかし接待用の2階ならだいたい空きがある。2階は1階よりかなり値段が高いのだ。1階のカニクリームコロッケのランチならライスつきで880円だが、2階で頼むと2350円也《なり》。接待用の席なので昼間から利用する人は少ない。

「4人ね」

2階奥の席に通される。もちろん禁煙席である。

浅川は、以前1日4～5箱のヘビースモーカーだったそうだが、5年ほど前に禁煙してからは、いきなり徹底的な「嫌煙家」になった。禁煙席であっても喫煙側からわずかでも煙が流れてくればすぐさま席を替え、移る席がなければ食べかけでも店を出てしまう。やめたきっかけはタバコを吸わないA子の影響だったのかもしれない。社内はもちろん全面禁煙だった。

「おまたせー」と、A子がやってきた。昼食のときA子を呼び出すのはいつものことだ。だいたい連絡すると10分もかからずに現れた。この近所に住んでいたのか、いつも近くでスタンバイしていたのかは、今もって不明だ。

浅川よりおそらく20歳以上年下の30代だったろう。かなりの美人で、服の趣味も派手。はっきり物を言う性格で、高橋とは正反対のタイプだ。古くからの社員もA子の素性はよく知らないようだったが、以前浅川の娘に歌のレッスンをしていたという。

A子が到着する時間を先読みして浅川はすでに注文を終えている。浅川はこういうとき、いつも自分ですべて適当に注文した。それをみんながシェアして食べる、というパターンに決まっている。洋食の名店でもおかまいなしだ。定番のオムライス、レバーステーキ、カニクリームコロッケ、コールスローサラダの大盛りなどなどが運ばれてくると、浅川は自分の好きなものだけを皿に取る。

「みんな、残すなよ！」

そう言うなり、自分はあっという間に食べ終わってしまうのだ。特に健康診断で血糖値が高いことを指摘されてからは炭水化物を避けているため、ごはんはほんの一口だけ。ますます食事が早くなった。

「まだ食べてんの？」

自分が食べ終わると浅川はそわそわし始める。さっさと店を出て近くの喫茶店に行きたいのだ。

「早くしろよ」

浅川がそう言い始めると、A子がたしなめる。

「ほんとにせっかちなんだから！　みんな落ち着いて食べられないじゃないのー」

そんなとき浅川は、おとなしく「ハイ、すいません」と応じるのだった。浅川は娘ほどの年のA子にポンポン言われるのを楽しんでいるように見えた。

食が細い社員は、浅川の「食べろ」「残すな」「早く食え」攻撃が苦痛で、昼が近くなり「そろそろ来そう」と思うと、逃げるように社から飛び出していった。

食事が終わると全員で昔ながらの喫茶店に移動し、コーヒーを飲むのがいつものコースだ。支払いはすべて浅川のおごりである。領収書をもらうところは見たことがない。これは飲むときも同じだった。

これを社員たちは「ＡＩＪの福利厚生」とよんでいた。ＡＩＪ投資顧問には、企業年金もなければ、退職金をはじめ一切の福利厚生の仕組みがなかったからだ。

よく冗談交じりに社員同士でぼやいたものだ。

「年金の運用をやってるのに、年金がないなんておかしくないですか」

「じゃあ自分で制度作って高橋さんに提案してみたら」

「どうせ、社長の〝めんどくさいからやめろ〟でおしまいですよ」

「結局、昼飯代と飲み代の補助金だけか」

「それはそれで迷惑なことのほうが多いですけどねえ」

夜の福利厚生

夜の福利厚生は、突然の携帯電話で始まる。終業後にさっさと会社を出て電車に乗ってしまえばこっちのものだが、それ以前に浅川の電話に出てしまうと、まず逃げられない。「今日はちょっと」などといっても許してくれないし、明らかに機嫌が悪くなるので、断るのは一苦労なのである。仕事の話なら必ず留守電が残されるので、福利厚生に付き合いたくない場合は電話に出ない社員も多かった。

ところが浅川は、「ひょっとしたら迷惑がっているのではないか」などとは夢にも思わないようで、相手をつかまえるまで何度でも電話をかけ続ける。電話を無視していても、携帯の画面の上から下までえんえんと残される「浅川」の5分おきの着信履歴にうんざりすることになる。

飲みに行くといっても、だいたいこのA子が一緒なのだ。ふたりきりで会っていることなどないのではないかと思えるくらいだ。

そんなわけで、食事の後の2軒目は女性のいるクラブやキャバクラというわけではない。いわゆるスナックである。事件後の報道で、「浅川は連日銀座で豪遊」といった記事が出ていたが、連日通っていたのは別に高級でもなんでもない、普通のスナックだった。しかも、持ち込みのウィスキーを1本3000円払ってキープさせているのだ。全く知らない人が見たら目の玉が飛び出るようなお酒でも、原価はそれほどではなかった。

海外に出かけるたび、免税店でバランタイン30年などの高級ウィスキーを買い込み、これを店に持っていって飲む。料金は「ひとり7000円」と決まっていた。もちろん、特別な顧客の接待はもう少し高級な店になる。

浅川が使う2軒目はほとんどがこうした顔なじみで、ムリを聞いてくれるスナックだった。8時開店の店でも、電話すれば6時からあけてくれるような店しか浅川は使わなかった。好き嫌いは多い、煙草の煙は嫌がる、酒は持ち込む、しかもああだこうだと口うるさい、という浅川だったが、週に数回はほかの客がまだ来ない空いた時間に部下や知人を伴ってそれなりの金をおとしてくれるのだから、店にとってはまずまずの客だっただろう。

酒に強いわけではない。持ち込んだウィスキーを最初の1杯だけストレートで。あとは薄いお湯割りで飲んでいることが多かった。カラオケで歌うこともあったが、ソファに寝転がって寝ていることも少なくなかった。

2軒目はほぼ1時間半で終わり、ほとんどの場合3軒目に続く。

2軒目で一部のメンバーが入れ替わる。先に帰るものがあったり、2軒目から加わるものがあったりするのだが、これも飲みながら浅川が電話をかけまくって呼び出すのだ。2軒目はだいたい9時頃にはお開きになる。ここで「お先に失礼します」ができなければ、あとは成り行きに身を任せるしかない。3軒目は、これまたスナック。A子はいつも最後まで付き合っていたようだ。

仕事の話になることはまずなかった。だいたい、呼び出しておきながらとくに社員たちと積極的に話すわけでもなく、ときどきカラオケを歌ったり、A子としゃべったりする以外は、ゴルフや野球の話をするていどで、うたた寝をしていることも多い浅川である。単に、自分の周りに人を集めておきたい、人に囲まれていないと気が済まない、という気持ちだったようだ。連れて行かれる側ももう慣れっこで、浅川はA子にまかせて社員同士でたわいもない雑談をして、漫然と飲み食いしていた。もちろんこれもすべて浅川のおごりだった。

浅川は国内出張に行くときは必ず大量の土産物を買ってきた。名産品、海産物、地酒、ワイン。買いだすとまったく歯止めがきかなくなるらしく、ほとんどの場合は宅配便で会社に送ることになるのだが、こうしたものが届くと、浅川はまずAIJ投資顧問の社員に配り、あまればアイティーエム証券の社員に配った。夕方4時ごろになると、会議室に酒を並べて「試飲会」と称して社員や来客に振るまった。これも浅川式「福利厚生」の一環だったのだ。

口癖だった「ウソはいかん」

浅川の趣味といえば、「ゴルフ、麻雀、カジノ」だった。

ゴルフはたいしてうまいわけではないのだが、週末といえばだいたいゴルフだった。仲間内で軽く握るのが好きで、年に2回ゴルフ・コンペもあった。ひとつは初夏の社内コンペ、もうひとつが秋口で、顧客はもちろん、浅川の友人を大勢誘っての大コンペだった。大コンペは2002年から続いているもので、「浅川人脈」を社外に大々的に宣伝する「伝統の大会」でもあった。場所はだいたい、浅川がメンバーで支配人と懇意にしている千葉県のトリッキーなコースだった。

参加するのはAIJ投資顧問全員。アイティーエム証券は顧客が参加する場合は担当営業マンが必ず参加。これに関連会社の社員数名、浅川の知り合い、AIJ投資顧問の取引先で、ほぼ40名前後になる。当初は顧客中心だったが、近年は浅川の友人が増えていたようだ。タレントの清水国明《しみずくにあき》もよく参加していた。浅川は清水の会社に出資し、個人的に応援していたようだった。一時AIJの顧問だった植草一秀も参加したことがある。

参加費は1万円ポッキリ。プレー代、飲食代、パーティ代、賞品代はすべて浅川とAI

J投資顧問が負担した。参加賞だけで1万円の元はとれるコンペで、毎年楽しみにしている浅川の友人も多かった。

組み合わせは浅川がすべて自分で決める。腕前、お互いの相性、年齢、浅川との関係などあらゆる要素を考慮し決めていたようだ。最終的な組み合わせが決まるのは常に当日のスタート直前だった。


全員が揃ったスタート前、浅川のルール説明が始まる。

「やあ、今日はみなさん楽しくやりましょう。ルールはいつもどおり、ノータッチ、OKパットなし。前の組とは絶対に間隔を開けないように！」

浅川は競技委員長でもあるのだ。

ノータッチ、OKパットなしは、浅川の流儀で、これは仲間内のコンペでも絶対にかわらなかった。どんな初心者でもそれは同じだった。パー5のホールで15叩《たた》こうが20叩こうが絶対にごまかしは許されず、最後まで数えることを要求した。

浅川の口癖は「ごまかしはいかん！」「ウソは絶対にだめだ」だった。

今思えば悪い冗談としか思えないセリフである。

一度、運用部の石川が前半50というスコアで回ったときのことをよく覚えている。石川はゴルフにはもともとまったく興味がなく、会社のゴルフ・コンペには参加するがそれ以外ではまったくやらないので、毎回ブービーかブービーメイカーが定位置だったのだ。それがどういうわけか、50で回ってしまった。

浅川は詰め寄った。

「おい、スコアごまかしてないか？　空振りは1打に数えるんだぞ。ＯＢは2打足すんだぞ」

真剣そのものである。

「ほんとうにごまかしてないんだろうな」

「ちゃんと数えましたよ。ねえ、峰岸さん」

石川は一緒の組だった峰岸に助けを求める。

「うん、石川はごまかしてなかった」

それでも浅川はまだ納得しきれないようで、石川のそばを離れないのだった。ゴルフのスコアの「粉飾」は、浅川にはもっとも許せない行為のひとつだったのである。

コンペ終了後のパーティ会場には、賞品が所狭しとならんでいる。総額は１００万近くになるだろう。

浅川自らが成績発表を行い、全員が参加費を上回る賞品を手にして終わるのだった。

今もっとも鮮明に思い出せるのは、浅川の「ごまかしはいかん」「ウソはいかん」というあの口癖だけである。

競馬、麻雀、カジノ

浅川のもうひとつの趣味がギャンブルだった。日常的には競馬、麻雀である。

競馬は馬主でもあったはずだ。数頭所有していたようで、地方競馬で自分の馬が勝ったことを喜んでいることもあった。

麻雀を始めたのは最近だった。血糖値や尿酸値が高くなったせいで、なるべく酒を減らそうとしていたらしく、「飲みに行くかわりに」と始めたのが麻雀だった。基本的にはアイティーエム証券の連中を誘い、3人麻雀をするのだ。ただ徹夜するようなことはなく、だいたい9時か10時には終わる約束で打っていた。

浅川はゴルフのスコア同様、麻雀の精算も非常に細かい。ギャンブルは好きだがルールについてはことのほかうるさかった。麻雀の場合は、最初に社員の「負け限度額」を設定するのだが、それ以外の容赦は一切ない。勝ち負けの点数の端数切り捨てなど言語道断だった。1円まできちんと確認してその場で精算した。自分が負けていてもそれは変わらなかった。

浅川は海外によく出かけていたが、旅先は韓国、香港、マカオだけに限られる。唯一の例外は、２０１０年のフラッシュクラッシュでＮＹ市場が急落する中、上海からタイ・カンボジア・ベトナムを回ったときだけだった。

香港にはＡＩＪ投資顧問の関連会社があるため、年に2回だけは高橋を伴って出張していた。それ以外はすべてプライベートな旅行だ。平日に休みをとることは決してなかった。浅川の海外行きは三連休、ゴールデンウィーク、年末年始に限られていた。

ゴールデンウィークだけは希望する社員を多数連れ出した。それはほとんど社内旅行と化していた。さすがの浅川も、社員の飛行機代、ホテル代までは出してくれない。そこは自腹になるのだが、滞在中の飲食はすべて浅川もちである。

私はこの旅行には参加したことがなかった。というのも、連休や年末年始のまっただ中となると飛行機もホテルも最高値。アジアといえどもけっこうな出費になるのだ。参加するのは、歩合制で懐に余裕があるアイティーエム証券の営業マンのほうが常連だった。夫人を同伴する社員もいたし、浅川もそれを歓迎していた。

浅川自身の目的はカジノである。韓国の場合は昼間にゴルフが入ることもあった。

カジノでどれほど浅川が金を使ったのかはわからない。ただ、過去、マカオのカジノで中国人と張り合ったブラック・ジャックの勝負はかなり大きなものだったらしい。この中国人が浅川そっくりの背格好だったそうで、この話はＡＩＪ投資顧問のなかでおもしろおかしく語り継がれていた。

カジノにまで付き合う社員はほとんどいない。それぞれ勝手に好きな場所を観光して、食事の時間だけは全員が集まるという旅行だった。

Ａ子もほとんどのツアーに参加していた。高橋には「秘密」ということになっていたので、高橋が参加する場合は、別のフライトを使い現地で浅川と合流していたが、高橋が気付いていなかったとは思えない。

さて帰国となると、社員たちには最後の「仕事」が待っている。ひとり3本の免税枠を使って、「誰が見ても高いとわかる高級酒を買う」というものだ。選ぶのは浅川である。全員が3本ずつの酒を持たされて成田の税関を通過し、それを翌日会社の倉庫に届ける。常時数十本ストックされた高級酒は、やがて順番に浅川行きつけのスナックに持ち込まれることになる。

スケジュールの空白が怖い

高橋は浅川の個人秘書としての仕事をし、パソコンがまったく使えない浅川のかわりに入力し、さらに経理、総務、労務などの仕事をほとんどすべて引き受けていた。

非常にしっかりした女性だった、という印象しかない。確かに「金庫番」だったと思うが、いわゆる「女帝タイプ」という尊大さはまったくなかった。

常に浅川の「浪費」にブレーキをかけ、社内のパソコンの調子が悪くなっても本当に壊れるまでは新品を買う許可を出さないほどの締まり屋だった。浅川が「ひとり社員を増やしたい」と言い出しても「××さんの契約が残っていますから、それが切れたあとでなければ困ります」と人事、人件費などでも浅川をコントロールした。

細かいことは全部「シゲちゃんまかせ」にして、「どうせシゲちゃんが経費で落としてくれるわけがない」と飲み代の領収書ももらわなかった浅川である。

浅川にブレーキをかけることができたとすれば、高橋だけだったはずである。高橋は、経費にはブレーキをかけながら、なぜ経費どころではない巨大な損失隠し、粉飾にブレーキをかけられなかったのか。

それが私にはまったくわからない。早い時期から損失が出ていることを承知し、浅川の指示通りにファンドの資産価値を偽る書類を作っていたはずだ。

高橋はいつもひとりで昼食に出かけていた。彼女はいったい何を考えていたのだろうか。長い年月をかけて、少しずつ自分を納得させ、覚悟を決めてしまったのかもしれない。覚悟を決めた上で「きちんと隠そう」と淡々と努力したのではないか。変わらぬ日常を提供しようとしたのではないか。

事件が明るみにでたとき、騒然とする社内で、高橋は驚くほどに落ち着いていた。それは、この日が来ることを早くから知って覚悟を決めていた顔だったようにも思える。

浅川と高橋がどんな関係だったのかはわからない。しかし、十数年にわたり、浅川はビジネスパートナーとして高橋を厚遇し、信頼していたのは事実である。高橋はある段階から、浅川に「浪費を控えなさい」と言うのと同じように「しっかり粉飾しなさい」と叱咤《しった》するサポーターになったのかもしれない。彼女はその厚遇に応《こた》えるために、その職務を果たし続けていたのだろうか。粉飾という職務を。

浅川は妙に嫉妬《しっと》深いところもあった。

営業会議のあとは必ず食事会があり、その後「銀座で2次会」が毎度お決まりのコースなのだが、こんなことがあった。

いつもは食事会が終わると「今日の参加は何人だ？」と言い出して、浅川が人数を確認し、結局ほとんどのメンバーが2次会に参加していた。

ところがあるとき、浅川が「今日2次会に行けないヤツいるか？」と聞いたときだ。すると、特に申し合わせたわけでもないのに、なんと全員が手を挙げてしまったのだ。

一瞬全員が「しまった」という雰囲気になって実に気まずい沈黙が広がった。

「お前ら、そういうことか。もういいわ。お前らは二度と誘わないわ。今日は西村と峰岸と3人で行く！」。ふたりはたまたまトイレかなにかで席を外していて、手を挙げなかったのである。

浅川は、自分がみんなから愛されていると思っていた。おそらくこの出来事で、相当なショックを受けたのだろう。アイティーエム証券の社員も、ＡＩＪ投資顧問の社員も「うるさい」「めんどくさい」とは思いながらも浅川に恩義を十分に感じているものが多かった。つまらぬことで浅川の気持ちを損ねたことを、みんなが後悔し、気まずい雰囲気だけが残っていた。

その後、営業会議後は2次会なしの食事会のみとなり、その分料理のグレードを少しアップすることになったという知らせがアイティーエム証券から届いた。

浅川はひとりでいるのが何より嫌いだった。見栄っ張りで、人の評判をいつも気にしていた。人におごり、飲ませ、振る舞えば好かれると思ったのだろう。証人喚問で、浅川は年収が約7000万円であり、貯金はほとんど残っていないと語ったが、おそらくそれは本当だろう。収入のほとんどは「豪遊」というより「浪費」に消えたのではないか。

人なつっこく、しゃべり出したら止まらない。頭の回転は速いが後先考えなし。負けず嫌いでギャンブル好き。買い物も止まらない。かけ始めると電話も止まらない。時間にうるさく、嘘やごまかし、いかさまを嫌悪していた。そして、空白の時間を嫌悪していた。外交、来客、酒、麻雀で平日を埋め、ゴルフと競馬で週末を埋め、連休を海外旅行とギャンブルで埋める。スケジュールに空白ができることを怖がってさえいるようだった。

10年以上にわたる虚飾、嘘を嘘で塗り固めて巨額の損失を隠し「次で取り返せる」と思い続けていたのだろうか。その「不安」が、強迫感のように押し寄せることがあったのだろうか。のべつまくなしに、しゃべり、落ち着きなく動きまわり続け、常に電話を握りしめていたのは、何かから逃れようとする姿だったのか。あるいは、遠からず必ずやってくる破滅の日を、忘れようとしていたのかもしれない。

第四章

年金基金というカモ

年金基金の悲鳴

ある年金基金の常務理事が、アイティーエム証券の峰岸にあるときこんなことを言い出した。もともと地方銀行のファンドマネジャーを務めたこともある人物で、基金の常務としては珍しくオルタナティブにも早くから取り組んでいた。だからこそＡＩＪ投資顧問にかなりの資金運用をまかせてもいたのだ。ただ、それ以前から行っていた不動産投資ファンドのパフォーマンスが悪く、ＡＩＪ投資顧問での運用益を食いつぶす状態だった、という。常務は、ＡＩＪ投資顧問、不動産ファンドともに解約し、それを旧来の4資産分散投資に戻したほうがいいのではないか、と考えていたのだ。

営業担当だった峰岸は「その気持ちはわからないでもない」というような、人のいいことを考えつつも、懸命に引き止めようと説得を続けていた。しかし常務は、もはや現在の資金運用は限界と考えており、運用資産を見なおして旧来の堅い方法にもどして様子を見るか、それができなければ基金自体を解散する腹づもりだった。

厚生年金基金というのは、国民年金、厚生年金のその上に積み上げる、いわゆる「3階建て部分」である。厚生年金基金は高度成長期のさなか、1965年に設立された制度だが、「今日より明日はよくなる」ことを前提に設計されていた。バブルが破裂するまではなんとかうまく回っていた。年金基金は、多くの場合、複数の同業種企業が集まって基金を設立して掛金を運用し、2階建て部分の公的な厚生年金に加えて給付しようとするものだが、今回の事件でも明らかになった大きな問題点を抱えていた。

つまり厚生年金基金は、上乗せした3階部分だけでなく、2階建て部分も、あわせて運用することが認められているのだ。これがいわゆる「代行制度」である。2階建て部分の厚生年金の金と、3階建て部分の厚生年金基金の金。毎月、積み立てているのは同じ会社員で、受け取るのも同じ人なのだから、「まとめて運用したほうが利益も大きく、将来の給付も増えるだろう」という発想だった。

経済状況が右肩上がりのうちはそれでよかった。しかし、右肩下がりの時代に突入し、同時に少子高齢化が進んでいくと、この「代行制度」によって基金は非常に苦しい状況を迎えることになったのだ。

年金基金の部分の運用で損失が出るだけではなく、公的年金である厚生年金の一部を預かって運用した「代行部分」にまで損失が膨らんでいくケースが増えてきたのだ。

もはや将来の給付を諦《あきら》め、解約返戻金をもらって解散してしまったほうがいい、という話が増えてきた。ところが厚生年金の代行部分は、「損しました、すいません」ではすまされない。なんとしても、穴埋めしなければならないのだ。

苦しくなってきた厚生年金基金は、とにかく大幅な損失が出ないうちに代行部分を返済して、基金を解散したほうがいいと考えるようになってきていた。

もし、大きな損失が出てから解散しても、代行部分の資金は国に返済しなければならない。この返済は基金に加入していた企業が「割り勘」で払うことになるのだ。基金が解散した後、加入企業がこの返済ができずに倒産するという悲劇的なケースまで出てきた。さらに、加入企業が倒産すると、その分をまだ生きながらえている他社が分担して支払うことになる。返済しても、加入企業が倒産していくことによって、返済残高はどんどん増えていくことになるのだ。

厚生年金基金に加入している企業の多くは中小企業だ。従業員の老後のために基金に加入し、従業員と会社で折半しながらコツコツ積み立てた年金基金である。将来の給付がなくなるだけでも大きな問題だが、それ以前に基金に加入していたおかげで、会社そのものが倒産するという本末転倒なところさえ出てきてしまったのだ。

年金資金の運用が苦しくなってきたからこそ、リスクをとっても高い運用利益を挙げていた（ように見えた）ＡＩＪなどの投資顧問会社にすがって、逆転を狙う基金も多かったのである。

しかしこの基金の常務理事は、「それも限界」と考えていた。これ以上のリスクはとれない。不動産ファンドとＡＩＪ投資顧問を解約するか、さもなければ解散するかどちらかだと感じていたのである。

その話を峰岸から聞くや、浅川は猛反発した。

「俺が話をする。時間をとってもらえ」


場所は銀座である。浅川がよく利用するミニクラブだ。クラブといってもピアノバーだが、いつものスナックよりはだいぶ高級で午後８時ごろからはピアノの生演奏が聞ける。リクエストがあればピアノ伴奏で客が歌うこともできるし、通常のカラオケもある。

店はさほど広くないが、席の間隔がわりあいに広くゆったりしている上、女の子もつねに２、３人いるので、十分接待にも対応できる店である。

普段は７時半ごろの開店だが、浅川が電話をすれば６時半以降ならいつでもあけてくれる。

その日は７時半の約束だった。

浅川は出張先の九州から戻り、羽田から直行でやってきた。

峰岸が常務を店に案内すると、すぐに浅川が現れた。

「常務お久しぶりです！」

浅川は、A子をともなっている。出張先にも連れていったようだが、これは珍しいことではなかった。

「関連会社の社員です。ムリ言って連れてきました。彼女、歌がうまいんですよ」

「はじめまして。浅川社長にはいつもお世話になっているんです」

A子は、こうした顧客との宴席にもよく同席していた。

「なにを召し上がっていたんですか？」

「峰岸さんとふたりだけだと、盛り上がらないんじゃありません？」

A子の客扱いは手慣れたもので、常務も彼女をすぐに気に入ったようだ。

座はじきになごみ、たわいのない会話ばかりが30分以上続く。ころあいを見計らってA子が立ち上がり、カラオケのマイクをとった。

「じゃ、『天城越《あまぎ》え』行きまーす」

A子の十八番である。浅川の娘に歌を教えていただけあって、A子はさすがにうまい。

常務は「おーっ！　こりゃあ本格的だ」とご満悦で手拍子をうちはじめる。

「なかなかやるでしょう。これを常務に聴かせたかったんですよ」

浅川もニコニコしている。

採点式のカラオケが満点に近い得点を示して終わると常務も大喜びだった。

「いやあ、石川さゆりよりうまいんじゃないか？　いやいや驚いた」

ご満悦の常務に、すっと身を寄せて浅川がささやいたのは、そのときだった。

「常務、やめときな」

「え？」

虚をつかれた常務は一瞬なんの話かわからないようだった。

「もう1回、必ず買い場が来ます。そのときは私が言いますから」

浅川の目は笑っていなかった。真剣そのものの眼差《まなざ》しに、常務は金縛りにあったように沈黙していた。

「現物は買い場を当てるのが大変なんです。そのときが来るまで、今はじっと我慢しておきなさい」

浅川はそれだけでこの話をやめた。

「じゃ、次、ヘタな峰岸、行け！」

そのあとはもう、飲めや歌えの大宴会である。浅川はたいして強くないのだが、こういうときはウィスキーの薄めのお湯割りと、お湯を交互に飲みながら付き合う。A子も常務の水割りをせっせと作り続ける。常務はなんとネクタイを鉢巻きにしてただの酔っ払いになっていた。

そして1週間後、常務から峰岸に、ＡＩＪのファンドは継続し、不動産ファンドだけを解約することにしたと連絡が入った。


浅川はどこまでも「野村の営業マン」だった。金額的にはたいした接待ではないが、ここぞというときに会食をセットさせ、長々と話さず、相手を乗せるだけ乗せて、ここぞというタイミングでズバッと斬りこむ。

ときには論理が大きく飛躍するのだが、唯一ぶれなかったのは、日本経済が自力で回復することがないという点、現物の株式で利益を出すのは難しいという点のみだった。あとは、好き放題なことをいい、「ぜひお願いします」と腰をかがめることもなく、お世辞を言うでもない。「いやなら買わなくていいよ」とまで言われながらも、なぜか客たちは買った。

厚生年金基金の常務も、昔からの顧客も、浅川は同じように落としていったのである。

ただ、関西の基金は非常に手ごわかった。特に大阪である。これにはアイティーエム証券の担当者も苦労していたようだ。

関西人の気質だろうか。わからないことは見栄をはらないで聞く。しつこく聞く。わからないことはやらない、というポリシーが非常にはっきりしているのだ。

「専門用語でけむにまく」というようなことが通用しないし、「知ったかぶり」も決してしない。接待しても「それはそれ、契約は別」という姿勢がはっきりしているのだ。

「オプションいうのは難しいですなあ。やめときますわ」ということになる。

私は一度だけ、大阪で開かれた年金コンサルタントの石山勲《いさお》が主催するセミナーに参加したことがある。これは浅川の代理だった。

独立系4社の運用会社が参加し、参加した基金は6社ほど。

もともと、大阪の基金はヘッジファンドを利用しているところが少ないので、その開拓をめざしていたものだったのだが、セミナーのあとの懇親会に参加した基金はゼロ。運用会社数社だけの寂しい打ち上げになったことをおぼえている。

これは私にとっての「教訓」になっていたかもしれない。

私がもし、「運用のプロ」などという意識を捨てて、浅川にもっとしつこく食い下がり、質問攻めにしていたら、あるいはその矛盾を発見することができたかもしれないのだ。

しかし、すべては遅すぎた。

ケイマン諸島

浅川が野村證券をやめたのは1994年だった。そのまま順調に行けば、役員までいった可能性はある。野村證券前社長の渡部賢一《わたなべけんいち》は浅川の同期である。

それがなぜ、AIJ投資顧問を設立することになったのか。

きっかけはバブル期にプライベートで不動産投資に手を出し、その結果多額の損失を抱えたことだったらしい。この失敗から、高額報酬を求めて94年、外資系のペイン・ウェーバー証券に転職する。ペイン・ウェーバーが日本から撤退すると、一吉証券に歩合制セールスマンとして転身するが、営業フロアの一角に自分専用の部屋を持つほど破格の扱いだったという。

ペイン・ウェーバー時代から二人三脚だった高橋は、金を持てばあるだけ使ってしまう浅川を締めに締め、半強制的に資金を貯めさせたらしい。その資金で、浅川は2000年の12月8日、AIJ投資顧問の前身である「株式会社エイム・インベスト・ジャパン（略称AIJ）」を設立する。資本金は3000万円。まだこのときのAIJは、投資助言業しかできないいわゆる「町の投資顧問」にすぎなかった。顧客である投資家にアドバイスをして、月々投資顧問料をいただく、といった業態である。

最初の顧客は、浅川の野村時代からの客だった。浅川の顧客は「信者」といってもいいほど浅川を信頼していた。顧客たちは浅川にアドバイスをもらって、自分で証券会社に注文を出すわけだ。おそらく浅川にしてみれば、証券会社の時代には委託手数料をもらっていたものが、今度は投資顧問料に変わっただけだ、という意識だったろう。

しかし会社を設立した以上、浅川としては「投資助言」だけではなく、1日も早く投資一任業の認可を受けて、顧客の資金を自らの会社で運用しよう、と考えたことだろう。彼は自分の相場観に絶大な自信を持っていた。「絶対に顧客に大儲《もう》けさせてやる」「そこらの大手運用会社になど絶対に負けない」と思っていたはずだ。

そのために設立したのが、ケイマンのAIA（エイム・インベスト・アドバイザーズ）である。自ら社長に就任し、高橋も取締役に名を連ねた。国内で投資一任の許可を取得するよりも、海外に外国籍のファンドを立ち上げる道を選んだのだ。

AIAは私募投信の管理会社である。なぜそんな会社を作ったのかといえば、国内で一任の認可を受けるより、ケイマンに管理会社を作って運用を開始するほうがずっとてっとり早かったからだ。ケイマン諸島は人口わずか5万人のイギリス海外領土だが、タックスヘイブン（租税回避地）であるためペーパーカンパニーを置く金融会社が数多く存在する。

国内で投資一任業の認可を受けるには、資本金や実績などの審査がきびしく、また認可を受けても開示規制や運用についての制約もかなりきびしいものになる。古くからの顧客、しかも浅川の信者たちを相手にして、任された資金を運用するなら、海外のほうがずっとやりやすいのだ。

そもそも「私募投信」というのはそういう性質のもので、限られた顧客だけを相手にする以上、細かい情報をお上にまで公開する必要はない。顧客も「浅川くんに任せたよ」で基本的にはおしまいだ。利益が挙がっていればどう運用しようが、売買の細かい報告がなくても文句はないのだ。浅川としても、「お上」からのめんどうな規制がないのは大歓迎ということである。

もともと、海外にかぎらず私募投信は「年金基金」にとってもメリットがあるものだった。実際、日本で私募投信を利用しているケースは、年金基金が圧倒的である。

投資顧問会社にとってのメリットは顧客ごとの管理が非常にシンプルになるということ。この特定少数の年金基金に私募投信を売る、という形は小さい投資顧問会社にとってはうってつけのスタイルといえる。

また同時に年金基金の側からいえば、公募投信、つまり通常の投資信託とは違ってとにかく「わがままがきく」ということだ。国内の私募投信は、顧客の「こういうタイプがほしい」というリクエストに応《こた》えられるものなのである。投資顧問会社などが扱う私募投信は、自分たちの好みやリスクへの意識なども含めて、カスタムメイドで作ってもらえるという点が好まれるのだ。

しかも、日本の場合でも売買内容の報告義務、開示義務が公募投信にくらべると規制がずっとゆるい。

海外の私募投信の場合はさらにゆるいということだ。

もちろん監査法人を入れるなどして、第三者が「資産はちゃんと保全されている」という証拠を見せる必要はあるが、「細かい売買内容については教えられません」という場合が非常に多い。

こうしたケースは別にＡＩＪに限ったことではなく、それ自体はなんら違法性もなくごく普通の手法である。

とは言うものの、当時のＡＩＪは依然として投資助言会社である。浅川は旧知のアイティーエム証券にファンドを設立させ、これをＡＩＡで運用させる形をとった。ファンドを設立したアイティーエム証券がファンドの購入窓口であり、ファンドの運用を行うのはケイマンのＡＩＡということだ。

２００２年５月に、ＡＩＡの１号ファンドである「エイム・ミレニアム・ファンド」がスタートする。浅川の顧客はＡＩＪの「助言」を受けて、アイティーエム証券を通じエイム・ミレニアム・ファンドを購入するという仕組みである。受託銀行はバミューダ銀行であった（実際の資金管理、事務は同系列のＨＳＢＣトラストに委託される）。

浅川という「教祖」のような人物がいなければ、こんな素性の知れないファンドを買う新規顧客はいなかっただろう。ＡＩＡという聞いたこともないケイマンの会社が運用するファンドである。

もしも、浅川が昔からの顧客だけを相手にして、この範囲の業務のみを行っていたら、物語は、「ちょっと怪しげな投資顧問のお話」で終わったかもしれない。

浅川は営業マンの時代とまったく同じ意識で、顧客の資金をＡＩＡで運用していたのだろう。報告義務も課されない海外のファンドは、かなりリスクの高い運用を行っても、月次損益にでこぼこがあってもうるさく言われることはない。もし損失が出ても、営業マン時代と同じように「次に取り返せればいい」と思っていただろう。「どうせ次に取り返せるのだから、顧客には利益が出ていることにしておこう」という「粉飾」の第一歩がすでにここから始まっていたのだ。

つまり、このころからファンドの価値を表すＮＡＶ（基準価額）を操作したのだという。

私はそれを2012年3月17日に浅川の口から初めて聞いた。しかし実際のところ、浅川は古くからなじみの顧客たちに対し、NAVどころか、運用報告そのものをろくに行っていなかったのではないだろうか。

ふたつの転機

その後すぐ、AIJにふたつの大きな転機が訪れた。

ひとつは02年9月のアイティーエム証券への出資である。浅川にはAIAのファンドを積極的に販売してくれる証券会社がぜひとも必要だった。ちょうどそのとき、ファンド設立を手がけたアイティーエム証券が経営危機に陥る。浅川は投資事業組合を通じてアイティーエム証券に出資、結果的に実質的な経営権を手にすることになる。それ以降、アイティーエム証券は、浅川のファンドを専門に販売する「営業部隊」になったのである。ピークにはその持ち株比率が9割に達していたという。

もうひとつが、当時東日本文具販売厚生年金基金の常務理事だった石山勲との出会いである。石山は社保庁OBだった。浅川と石山は、アイティーエム証券の西村社長を通じて知り合ったという。石山は、当時、年金基金の常務理事としては珍しく、オルタナティブ投資（通常の株式・債券以外への投資）の必要性を訴える「年金業界の有名人」だった。

その石山がみつけた海外私募投信を購入するために、ファンドを購入するための指示を出してくれる投資顧問会社を探していたという。そのとき浅川は石山に外資系のシグナ投資顧問を紹介するのだが、それをきっかけとして、浅川は石山に積極的に接近していく。

石山と知り合ったことで、浅川は「年金基金」という実に魅力的な顧客の存在に気づいたのだろう。

浅川に年金の知識など皆無であったはずだ。石山の年金コンサルタント事業の立ち上げを手伝うことで付き合いを深め、石山が持つ年金ノウハウを吸収しようとした。

石山は03年に東日本文具販売厚生年金基金の常務理事を退任し、その後1年間顧問をつとめるが、そのあいだに基金は当初数千万円の契約をすぐに5億円に増額している。顧問を退任後、石山はみずから東京年金経済研究所を立ちあげて、年金コンサル業をはじめる。浅川はこの会社に1500万円を出資し、石山は08年までＡＩＪの顧問となっていたとされている。

私が入社した当時、すでに石山とＡＩＪの契約は打ち切られていたはずだが、入社後石山が年金基金を集めて主催したセミナーに出たことがある。前述の大阪のセミナーである。4社ほどの運用会社が呼ばれ、それぞれ自分たちの運用などについてプレゼンを行う、というようなものだった。本来浅川が出る予定だったのだが、直前に都合が悪くなり、私が代理で話をした。そのときに石山が、出席した年金基金にＡＩＪを強くすすめたという印象は特別にはなかった。

同じ人物が「売る側」である運用会社と、「買う側」である年金基金、両方の顧問を同時につとめること自体が問題だと思うし、また投資助言業の登録を行わないままに、石山が「ファンドの説明」を超えるような、運用会社、ファンドの紹介をしていたとすれば、これも大きな問題である。案の定、これについては処分がすでに下ったようだ。

ただこの事件で石山がどんな役割を果たしていたのか、なんらかの関与・責任があったのかについては、事件発覚後元同僚たちとも話しあったのだが、よくわからない。02年以降蜜月《みつげつ》時代があったことは確かだろうが、09年あたりからは電話があった覚えもなく、浅川と頻繁に会っていたという話は出てきていない。

いずれにせよ、02年前後から、浅川は石山をきっかけとして、年金基金への外交攻勢を始めたことは間違いないといっていいだろう。

03年の5月から、ＡＩＪは年金資金を受託するようになる。この段階でもＡＩＪはまだ投資一任業者ではない。そこで浅川は、石山の基金にも紹介した外資系のシグナ投資顧問と業務提携を行った。顧客となる年金基金はシグナとの間に投資一任契約を締結させ、年金基金はシグナの指示に基づき、アイティーエム証券を通じてエイム・ミレニアム・ファンドを購入する。年金基金の資金自体は、国内の信託銀行の年金特金口座に預けられる。アイティーエム証券が買い付けを取り次いで、資金はバミューダ銀行に移り、それをＡＩＡが運用するという複雑な仕組みだ。

最初の顧客が、石山が常務理事を務めていた東日本文具販売厚生年金基金、そしてＣＳＫ企業年金だった。初めて、浅川は「昔からの浅川信者」以外のまったく新しい、しかも大きな顧客を手に入れたことになる。しかしそれは、地獄への入り口でもあった。

新しい顧客である年金基金の運用で損失を出して「次、取り返しましょう！」ではすまない。年金基金へは定期的な運用報告が求められ、運用にもそれまでとは比べ物にならないくらい大きなプレッシャーがかかることになる。大きな損失を出せば「次」はないのだ。

浅川は「取り戻す自信」だけを頼りに、ファンドの純資産価値を示す「ＮＡＶ」を常態的に偽るようになっていったのであろう。

浅川はそのときにいたっても運用会社の責任者ではなく「証券会社の営業マン」とまったく同じ意識しか持っていなかった、ということになる。

「だますつもりはありませんでした」
「一生懸命やっていました」
「取り戻す自信がありました」

浅川は証人喚問で繰り返した。バブル期に活躍した野村の営業マンのセリフそのままである。

「損失を出しても決して顧客からクレームを受けなかった」

というスーパーセールス時代の自信が、そのまま証人喚問のセリフにつながっていた。浅川は、相手が個人投資家だろうが、年金基金だろうが、「損をしたら次で取り戻せばいい」と思っていた。それは、古い証券会社の体質そのものだった。

悪魔の道具立て

さらに事件を大きくする要因がもうひとつ重なった。

2003年8月、AIJ投資顧問株式会社に社名を変更し、事務所を日本橋に移転後のことだ。04年7月、業務提携していたシグナ投資顧問が日本撤退を決めたのだ。その機会に浅川はシグナを安値で買収することに成功した。シグナを存続会社とし、社名を「ＡＩＪ投資顧問株式会社」とした。同じ名前の会社がふたつできてしまったため、社名変更したばかりの「ＡＩＪ投資顧問株式会社」は元の「株式会社ＡＩＪ」に戻して、ＡＩＪ投資顧問の持ち株会社ということになった。資本金は２億３０００万である。

これ以降、晴れて自ら運用を行うことが可能になったＡＩＪ投資顧問は、ＡＩＡから投資一任契約を再委託される形で、ファンドの運用を始める。

もっとも、ＡＩＡだろうがＡＩＪだろうが、実際に運用していたのは浅川なのだから実態は同じことである。

しかし、この段階で浅川にはすべての「道具立て」がそろってしまったのだ。海外籍の私募投信、ファンドの販売部隊、そして投資一任業者の免許を持つ運用会社。浅川にとっての道具立てというより、事件が巨大化するための悪魔の道具立てだった。

04年に募集を終了した10本のミレニアム・ファンドシリーズに代わって、05年にはミレニアム・ストラテジー・ファンドシリーズ２本、07年にはグローバル・ミレニアム・ファンドシリーズを２本。サブファンドは計14本になった。その後は、新規販売を行わず、解約分を再販する形だった。

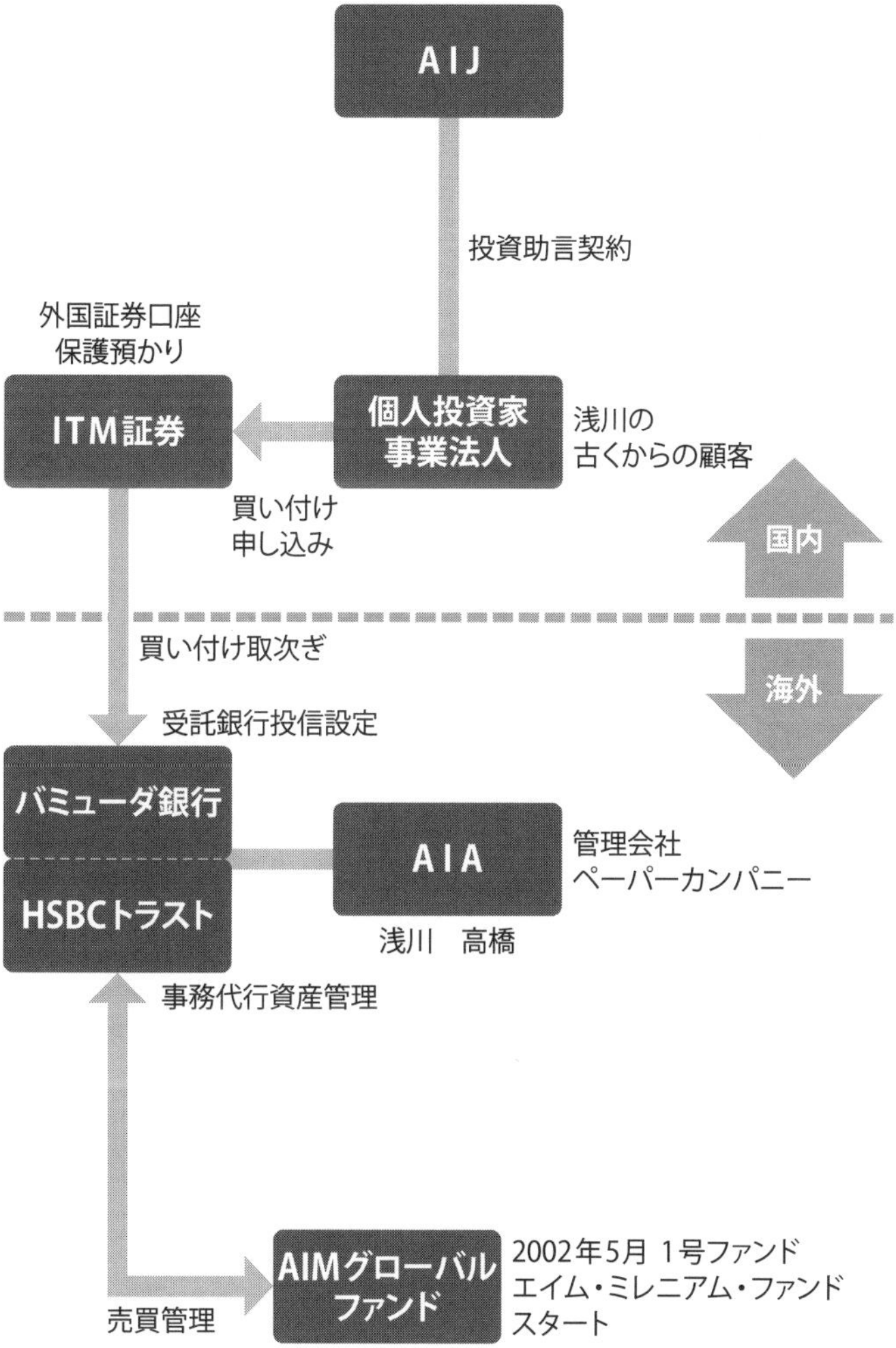

2002年5月〜　AIAによる海外私募投信運用のフロー

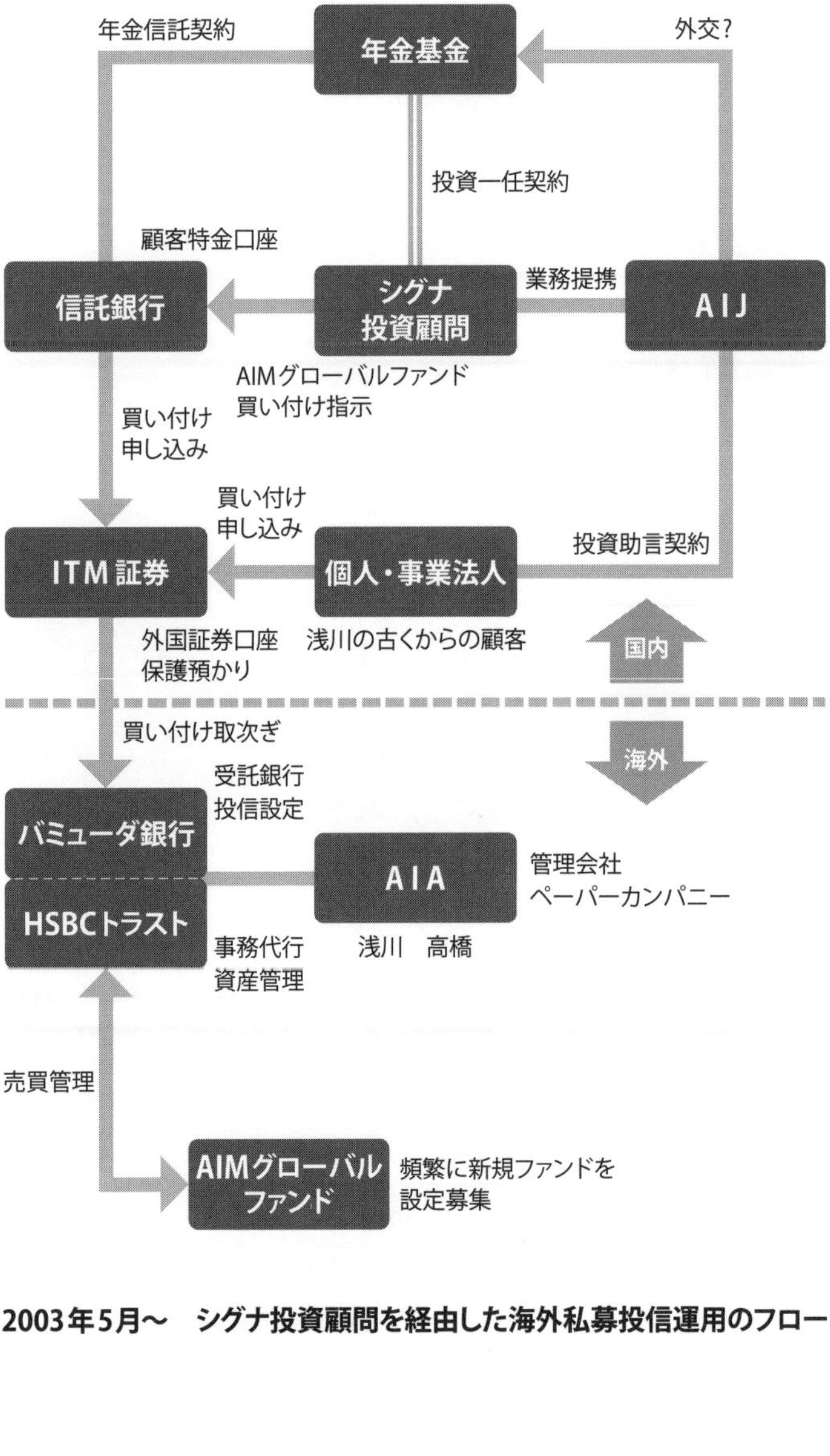

2003年5月～　シグナ投資顧問を経由した海外私募投信運用のフロー

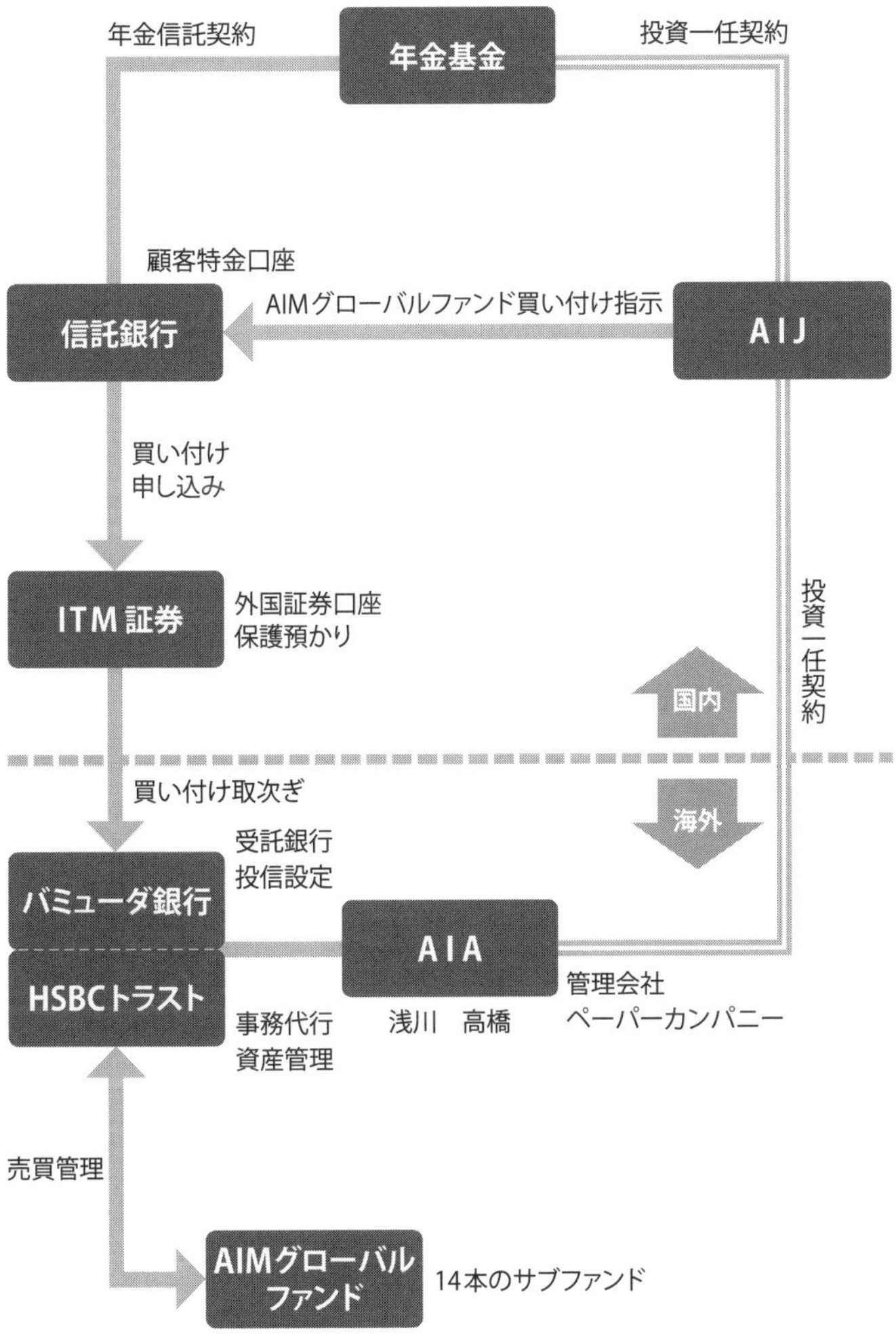

2004年7月～　完成した海外私募投信運用のフロー

ＡＩＪ投資顧問は顧客である年金基金と1本目の投資一任契約を結ぶ。その契約に基づいてＡＩＪ投資顧問は年金特金口座を開いている信託銀行に対して、アイティーエム証券を通じてケイマン籍のＡＩＭグローバルファンドという私募投信を買いつける指示を出す。管理会社はケイマンのＡＩＡである。そのうえでＡＩＪ投資顧問はＡＩＡとも2本目の投資一任契約を結び、ＡＩＡから運用を再受託して、実際の運用はＡＩＪ投資顧問が行うわけだ。ケイマンからＡＩＡを経由して、ぐるっと回って再びＡＩＪ投資顧問が運用を担当するのである。

資金はアイティーエム証券を通じて、シグナ時代と同様にバミューダ銀行に振り込まれる。

ＡＩＪ投資顧問は、ＡＩＡのかわりに日々証券会社を通じて売買を行う。証券会社は08年以来シンガポールのオング・ファースト証券を使っていた。それ以前はマン・フィナンシャルグローバルを使っていたが、別の事件に絡んで破綻《はたん》したため、それ以降はオング・ファースト1社だった。しかし結局投資するのが日経平均、日本国債の先物・オプションである。オング・ファーストはさらに日本の多数の証券会社に再発注を出しているのだ。

再発注を受けた日本の証券会社から見えるのは「オング・ファースト証券」だけで、そこにＡＩＪの姿はないということになる。これが取引を見えにくくする隠れ蓑《みの》として機能した。

売買の結果は事務代行をしているＨＳＢＣトラストに報告され、決済と受け渡しが行われることになる。

ふたつの投資一任契約を通じてＡＩＪに委《ゆだ》ねられているため、年金基金の資金はダブルカウントされる。ＡＩＪ投資顧問の事業報告書で運用資産残高が４０００億円だったのはそのためである。


浅川がＡＩＪを興してから10年、投資フローは少しずつ形を変えていったが、04年ごろに「完成形」になったようだ。

事件が発覚した当時、「最初から詐欺を働く目的でタックスヘイブンの海外にペーパーカンパニーを作った」「資金の流れをわかりにくくするために海外の銀行を使った」「損失を隠すために海外籍私募投信を利用した」とも言われたが、むしろ自然な流れで徐々に複雑な運用フローが完成したとも言える。海外の銀行にも私募投信にもなんら落ち度はない。

確かに状況開示義務が日本とはまったく違うということはあるし、ケイマンの口座がマネーロンダリングに使われることもあるのは事実だ。しかし今回の事件に関しては、浅川が詐欺を意図してこうした「投資フロー」を作った、というわけではないと思う。

浅川が「助言」だけを行う投資助言業ではなく、てっとり早く顧客の資金を自ら運用できる仕組みを考えるなかで偶然にこの形ができあがり、そしてまさに同時期に、最高においしい顧客としての年金基金が「ネギをしょったカモ」状態で現れたということなのだ。

バックにいわゆる闇組織があり、意図的にこの複雑なスキームを作り出したのだとしたら、浅川は悪魔的な天才かもしれない。しかし、事実はもっと単純だったように思う。偶然が偶然を呼び、増改築を重ねたアパートのように、複雑なスキームが完成してしまったのだと私は思う。

海外に資金を受託した場合の不透明性や、コンサルタントの問題、投資顧問業へのチェック体制、年金制度そのもの、とくに「代行制度」の問題など、この事件の遠因はほかにいくつもあるだろう。それは多くの人が指摘している通りだ。年金基金制度はＡＩＪ事件がなくても、早晩行き詰まっていたはずだ。

ＡＩＪ投資顧問という会社で、浅川の部下として働いた私が思うのは、やはりこれは「証券セールスマン浅川」という人格が起こした事件だったということなのだ。

なぜ社内にいながらわからなかったのか。なぜ、素人でもない部下たちのほとんどすべてが疑うこともしなかったのか。周囲から見たら奇異に映るだろう。私自身、いくら時間がたっても、疑問と悔恨の思いはつきない。

運用の素人だった浅川

ファンドの中身は一貫して、日経平均、日本国債の「オプション売り」がメインだった。これは入社前から聞いていたとおりのようだ。「オプション売り」がどういうものか、ということについては前述したとおりだが、実際に証券会社やＡＩＪのような運用会社が売買を行う場合は、「オプションの売りがメインである」とは言っても、ある期日の「1000円のプット・オプションを10枚売るだけ」というわけではない。1100円のプット・オプション、900円のコール・オプションなども同時に売買し、さらにオプション自体を細かく転売したり買い戻すということも行うので、取引は非常に複雑になる。

いったい今現在いくら利益が出ているのか、損失が出ているのかは、トレーダー自身もその瞬間にはわかりにくい。その日の取引が終わったときにようやく自分が扱った分の損益が判明する。ただ、複数のトレーダーがそれぞれ、まかされた金額の中で取引を行うため、会社全体の損益を把握することはまず不可能だ。すべてを把握していたのは浅川だけだった。

ＡＩＪ投資顧問が相場の上下にかかわらず、恒常的に利益が出ていた、ということについて事件が発覚する以前から不審の声が上がっていたことは私も知っていた。しかしこうしたオプションの仕組みをよく知っており、実際に野村證券時代10年にわたってオプション草創期からトレーダーとしてオプション取引を続けてきた私にとって、「利益が出続けていること」自体が不自然とは思えなかった。

大きな損失が出るときの対策を講じつつ、日々無理のない範囲のコール・オプション、プット・オプションの売買を続けていれば、大きく儲かることがなくてもあるていど堅実に利益を積み重ねることができるのは「当然」でもあるのだ。もちろん運もある。ほとんどの投資家が大きな損失を被ったリーマン・ショックでさえも乗り切ってＡＩＪ投資顧問が利益を出していたことが「そんなはずはない」「おかしい」とされるが、この時はたまたま売買システムの入れ替えがあった時期で大きな勝負をしていなかったという理由も、十分にうなずけるものだった。システムの入れ替えがあったのは事実で「非常に運がよかった」と考えた。

堅実に取引を続け、大きな損失を運も含めて回避できれば、オプションの売りは相場の上下にかかわらず常に小さな利益を積み上げることができる手法であり、ＡＩＪ投資顧問の運用が常にプラスになること自体は不自然ではない。

ただ、それはもちろん運用するトレーダーがプロであり、リスクを熟知していたという前提である。

ところがヘッドトレーダーであった浅川は、天才的な営業マンであったが、運用については、ズブの素人だったのだ。入社以来見せられていた書類のほとんどが粉飾されたものだったことなど、私はまったく疑おうともしなかった。その数字を信じ、なるほど浅川が率いるトレーダーは優秀なのだ、浅川は営業マンとしても天才的だがトレーダーとしても優秀だったのだな、と単に考えていたのだった。

私はなまじオプション取引に詳しい、という自信があったせいで「利益が出ている」ことを不審と思わず、「プロならこのぐらいは当然だろう」と考えていた。自分でもこのぐらいの利益は出せると考えていたし、企画部から運用部への異動も希望していた。私も、この大きな資金を思うままに動かして、利益を挙げてみせたかったのだ。

私が入社するはるか前から、損失が発生しており、それがついには顧客の資金の９割を失うようなものであったとも知らずに。

他人に興味がない運用部の実態

浅川の説明や証人喚問などで初めてわかったことだが、損失はファンドを作ったごく初期の段階、２００２年当時から出ていたということになる。すでにそこから数字は粉飾され、営業用パンフレットに載せた運用実績はウソだった、と浅川は認めている。

しかも私が入社したその年に、１年間で５００億の売買損を出したという。

しかし、いくらヘッドトレーダーが浅川だったといっても、運用担当者は浅川以外に４名という体制である。なぜ長年にわたる損失に、ほかのトレーダーが気付かなかったのか、不思議に思う人は多いだろう。

彼らは社長室の隣の運用部でデスクを並べて売買を行っていたのである。

しかし、残念ながら運用担当者が、全体を見通すことは不可能に近い。もちろん自分がその日に扱った売買の損益はわかる。けれども基本的にトレーダーというのは一匹狼なのである。自分が運用した損益については興味を持っても、ＡＩＪ投資顧問があずかっている資金全体の収支がどうなったのかについては、あまり興味を持たないといっていい。自分がまかされている金額、その中でのパフォーマンスによって、自分の収入が決まる仕事なのだ。隣のデスクのトレーダーが儲かったかどうかにも興味はないのが普通である。かりに大きく儲かってもそれを「儲かった儲かった」などとほかのトレーダーに話すものではないし、逆に損失を出した場合でも同じことだ。合議制で方針を決めてトレードを行うわけでもないのだ。

会社や個人のタイプにもよるだろうが、ＡＩＪ投資顧問の運用部はトレーダー同士がその日の売買内容を話し合ったりする空気はなかった。

たとえば、運用部全員が１ヶ月にわたって大きな損を出し続けたにもかかわらず、その月の運用報告書がプラスになっていれば「これはおかしくないか」という話になったかもしれない。しかし、そんな極端なことはまずあり得ない。それぞれの担当者はそれぞれのポジションの中でそこそこ儲かったり、時には損失を出したりしていたのだ。おそらく浅川以外のメンバーの運用だけを見れば、浅川と高橋が作った「ニセ運用報告書」ほどではなくとも、利益は出ていたはずだ。

「ヘッドトレーダー浅川」が勝手に損失を出して、勝手に穴埋めのために信じられないほど無理をしていたとしたら、それをほかのトレーダーが知ることは不可能だ。

なぜ、どの段階で、どんな売買を行ったために損失が膨らみはじめ、10年で１１００億という信じられない運用損を出すことになったのか、その詳細は捜査を待つよりほかかない。

事件発覚後、運用部の人間にずいぶん聞いたが、異口同音に「まったくわからなかった」「わからなかったというより、どうやればそんな損失を出せるのかわからない」と言う。

確かに、常識では考えられないほど意地を張って、流れに逆らう売買をすれば500億円の損失を出すことはあり得る。しかし、そんなことがなぜ起きたのか。

運用部の元社員は「ほんとうに売買損だけだったのか」と何度も繰り返していた。

浅川は自分で売買をするときは常に電話だった。

社内から、時には社外から運用部に直接電話をかけるのだ。運用部には浅川の注文の発注担当者がいた。

さすがに顧客の前で売買の電話はしていなかったが、移動の合間にはよくかけていた。いつもは声の大きい浅川だったが、さすがに売買の電話はくぐもり声で小さかった。

「コール○○、XX円でYY枚売り」

1回の電話は短い。

「どう?」

だけで終わることも多かった。答えるほうも短い。なんと答えていたのかまで聞こえる

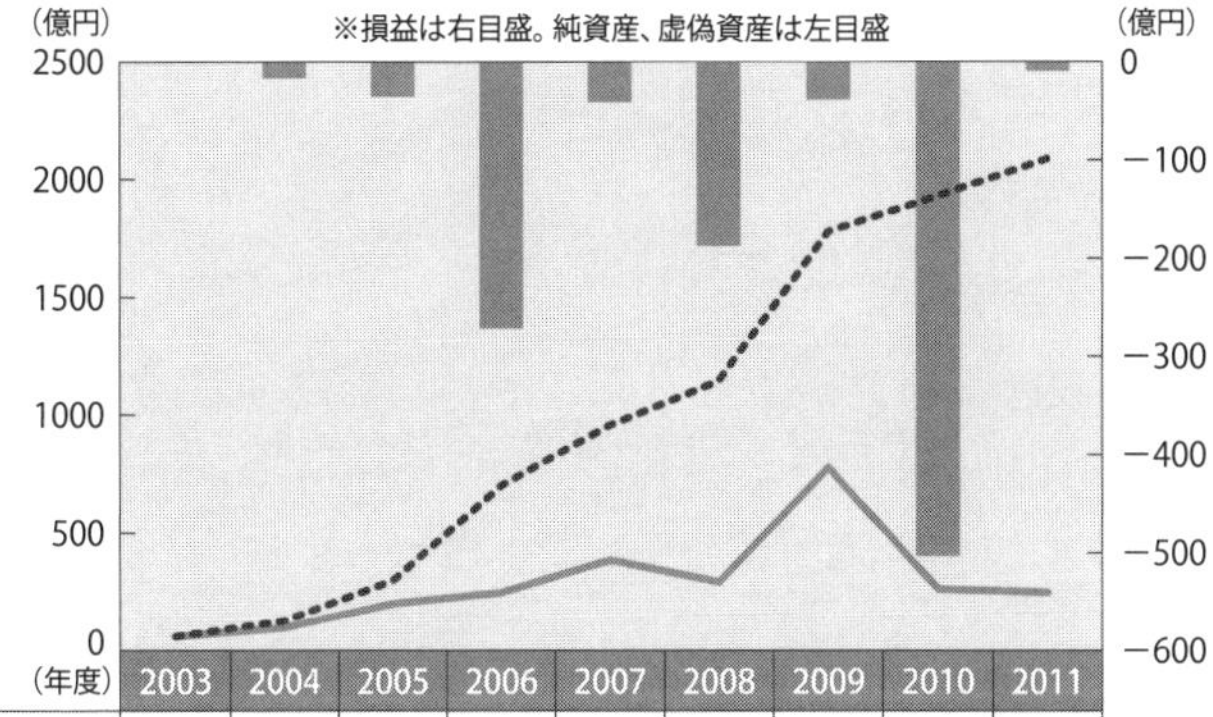

(年度)	2003	2004	2005	2006	2007	2008	2009	2010	2011
損益	0	−16	−34	−270	−40	−186	−37	−501	−7
純資産	63	102	204	250	389	295	780	266	251
虚偽資産	63	129	301	704	957	1140	1786	1932	2090

AIJの年間損益と純資産額推移

ことはないが、いずれ「強含みです」「小動きです」「今XX高です」といった相場動向だったと思う。

シンガポールのオング・ファースト証券の担当者に直接電話することもあった。オング・ファーストの担当は日本人か、日本語を話せるシンガポール人なので、電話はすべて日本語である。

浅川の注文を受けていたのは、相葉だった。

相葉は中堅証券出身だが、どうやら私と同じ時期に東京証券取引所の場立ちをやっていたらしい。東証の場立ちを経て、株式部に異動後は、自己資金で短期取引を専門に行うディーラーとしてキャリアを積んだ。相場の流れに自然につけるタイプでズバ抜けた戦績を上げた人物だ。その後外資系証券にスカウトされ、さらに何社かの証券会社を歩合ディーラーとして渡り歩いて2007年にAIJ投資顧問に入っていた。

同時期に場立ちをやったことがあるよしみからか、よく「九条さん、はやく運用部に来てくださいよ！」と言っていたものだった。

短期ディーラーとしては非常に優秀で実績も順調だったが、浅川の注文発注担当にされてからはポジションをほとんど取り上げられていた。私は彼が気の毒でならない。浅川よりずっと優秀なトレーダーだったにもかかわらず、ある時期から浅川の発注だけを担当させられていたのだ。そのことについて、相葉は事件後まで一切語らなかった。

「浅川の発注を受けていたなら損失が出ていたことはわかったはずだ」「知らなかったらよほどの間抜けだ」と思われるのは間違いないだろう。

しかし、繰り返すがオプションの場合、個別の株式とはまったく違い、コールとプット、それぞれの売りと買いなどが戦略的に組み合わさった上で、最終的に損益が確定する。株式のように「あのとき買ったぶんで◯億やられた」とわかるようなものではないのだ。目の前を通り過ぎていく浅川の売買だけを見ていても、総損益、累計損益は絶対にわからない。わかるのは、最後の損益集計を見る浅川だけだったのである。

なぜ10年も隠し通せたのか？

10年にわたって損失を出していながら、それを隠し続け、手数料等も含めれば2000億円の大半を失ったという事件である。

なぜこんなに長期間、それが明るみに出なかったのか。私は3年間内部にいながらなぜ気付くことができなかったのか。ほんとうに気付くチャンスはなかったのか。

私はどうしてもそれが知りたかった。いや、今でも知りたいと思っている。それは元AIJ投資顧問の社員が誰しも同じように感じていることだろうと思う。

浅川らの証人喚問を注意深く何度も聞き直しながら、私は偽りの報告がどこで作られていったのかを考えていた。

私が、頭から信じていた運用報告書の数字は、いったいどうやって改ざんされていたのか？　私はこの数字を信じてもっともらしい「四半期報告書」を書き上げ、自信満々な浅川のプレゼンをフォローし、疑いの目を向けたコンサルタントを頭からバカにしていたのだ。

本来、顧客はどうやって自分の資金の運用結果を知るのか。それはごく単純な仕組みになっている。年金基金はＡＩＪ投資顧問と信託銀行の二ヶ所から報告を受け、それが一致していれば「間違いない」と考える。

信託銀行のほうも、アイティーエム証券とＡＩＪ投資顧問の二ケ所から報告を受けているが、もちろんここでもこのふたつが一致していれば「問題なし」として、顧客に報告書を提出する。

そこにいたる流れはこうだ。

まず、顧客の資金は、海外の銀行に預けられている。資産管理を行っているのはバミューダ銀行の代理であるＨＳＢＣトラストである。この銀行が正しい資産残高を知らないわけはない。ＨＳＢＣトラストは、ファンド管理会社であるＡＩＡに報告する。ＡＩＡはそれを販売会社であるアイティーエム証券と、投資一任契約を結んだＡＩＪ投資顧問に伝える。ＡＩＪ投資顧問はその結果を信託銀行に伝え、同様に顧客である年金基金に報告することになる。

同時にアイティーエム証券は、ＡＩＡからの報告を受けてそれを信託銀行に伝える。そして信託銀行から、年金基金に「信託財産運用状況報告書」が提出されるのである。

こうして信託銀行はＡＩＪ投資顧問とアイティーエム証券から報告を受け、年金基金は信託銀行とＡＩＪ投資顧問から報告を受けるのだ。

信託銀行にしても、年金基金にしても、二ヶ所からとどいた同じ数字を見て、それを疑うことはなかった。


浅川は一定のやり方に従い、ファンドの価値であるＮＡＶ（基準価額）を水増ししていたとされている。しかし、いったいぜんたい、どの段階で水増しされたのか。最終的な投資フローを考え、証人喚問で聞いたことを総合すると、つぎのようなものだった。

ＨＳＢＣトラストからＡＩＡ宛てに送られてきた正しい数字を浅川が握りつぶし、ここで水増ししていたのだ。高橋は月末になると社内のフォーマットに水増しした数字を打ち込んで、「今月の基準価額一覧」を作る。高橋から渡される、この数字のプリントアウトに基づいて法定帳簿の運用報告書が出来上がり、私は企画部で四半期報告書を作っていたのだ。それが年金基金に届けられた。

もちろん浅川は同時にＡＩＡからアイティーエム証券へも、同じ偽の数字を知らせた。あとはその偽の数字に基づいた報告がアイティーエム証券から信託銀行、年金基金へと伝えられたということだ。浅川が捏造《ねつぞう》した「同じＮＡＶ」に基づく報告なのだから、両者が一致するのは当たり前だった。

もし、信託銀行が直接、ＨＳＢＣトラストに資産残高を問い合わせれば、たちまちにして発覚する偽装といえば確かにそうなのだが、ただ、ファンドの名義人は信託銀行ではなくアイティーエム証券である。ＨＳＢＣトラストにしてみたら、信託銀行がいきなり問い合わせても「おたくはどなた？」ということになったかもしれない。

しかし、もうひとつ正しい報告の流れがある「はず」だった。ケイマンの監査法人による監査報告書である。ケイマン監査法人はファンドの監査を行い、その結果をアイティーエム証券と、ＡＩＪ投資顧問に対して送っている。ところがＡＩＪ投資顧問はこの監査報告書も握りつぶして、浅川は会計士を抱き込み、偽の監査報告書を作成させたという。

しかし、もう一通の監査報告書が直接アイティーエム証券に送られている。この監査報告書はどうなっていたのか。

証人喚問における西村社長によれば、「監査報告書」は「昔見た」と言っており、「小菅取締役が一度開けた」と話している。正しい監査報告書を見ていれば、ＡＩＡからのＮＡＶとの矛盾に気づいたはずである。

しかし彼らは「昔見ただけ」で、基本的には「開封しなかった」といっている。監査報告書を開封もせず、浅川らが「改ざん」した監査報告書を顧客に渡していたとすれば、それが事件の発覚を大きく遅らせることにつながったのは間違いない。改ざんを知っていたとすれば、西村自身も共犯であったということだ。

解約スキームの完成

巨額の損失を出しながら、それが発覚まで時間がかかったのは、２００４年に完成した「投資フロー」に「解約フロー」がさらに加わったことも一因である。

年金資金が消失していたとすれば、年金基金の解約に応じることはできない。「実はなくなってしまいました」で済む問題ではないのだ。すべてが明るみに出てしまうことになる。浅川にできることは、「できるかぎり解約を食い止めること」と「新規顧客を獲得すること」。そのふたつだけだった。

解約は「投資事業組合」を受け皿に使って行っていたという。投資事業組合というのもファンドなのだが、これはもともと未公開株などに投資するために作ったものだ。

年金基金から解約の申し込みがあると、ＡＩＪは信託銀行とアイティーエム証券に解約の指示、および連絡を行う。ＡＩＭグローバルファンドが投資事業組合に投資し、その金で水増しされたファンドを買い取るのだ。

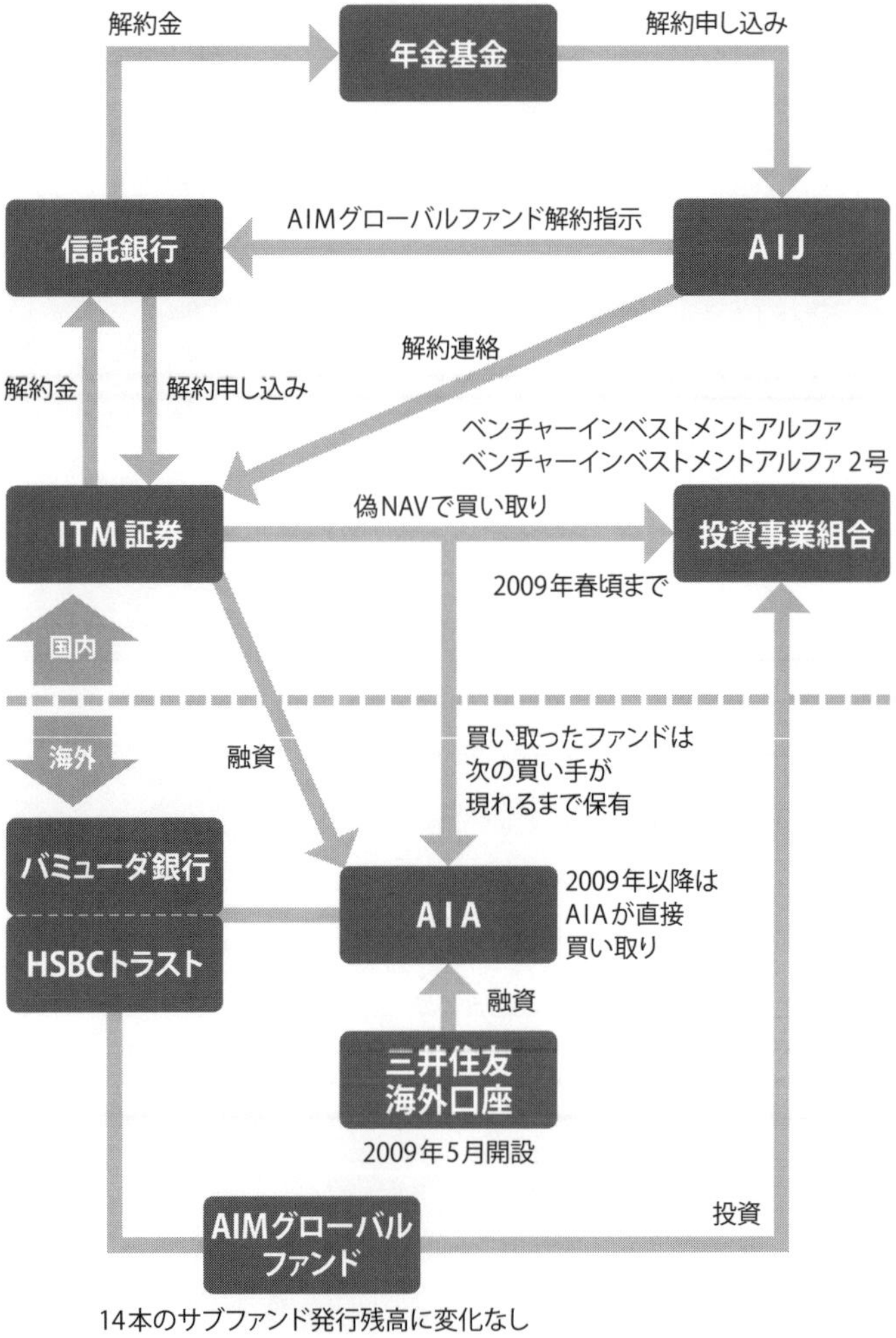
解約金
年金基金
解約申し込み
AIMグローバルファンド解約指示
信託銀行
AIJ
解約連絡
解約金
解約申し込み
ベンチャーインベストメントアルファ
ベンチャーインベストメントアルファ 2号
偽NAVで買い取り
ITM証券
投資事業組合
2009年春頃まで
国内
海外
融資
買い取ったファンドは
次の買い手が
現れるまで保有
バミューダ銀行
HSBCトラスト
AIA
2009年以降は
AIAが直接
買い取り
融資
三井住友
海外口座
2009年5月開設
AIMグローバル
ファンド
投資
14本のサブファンド発行残高に変化なし

海外私募投信解約フロー

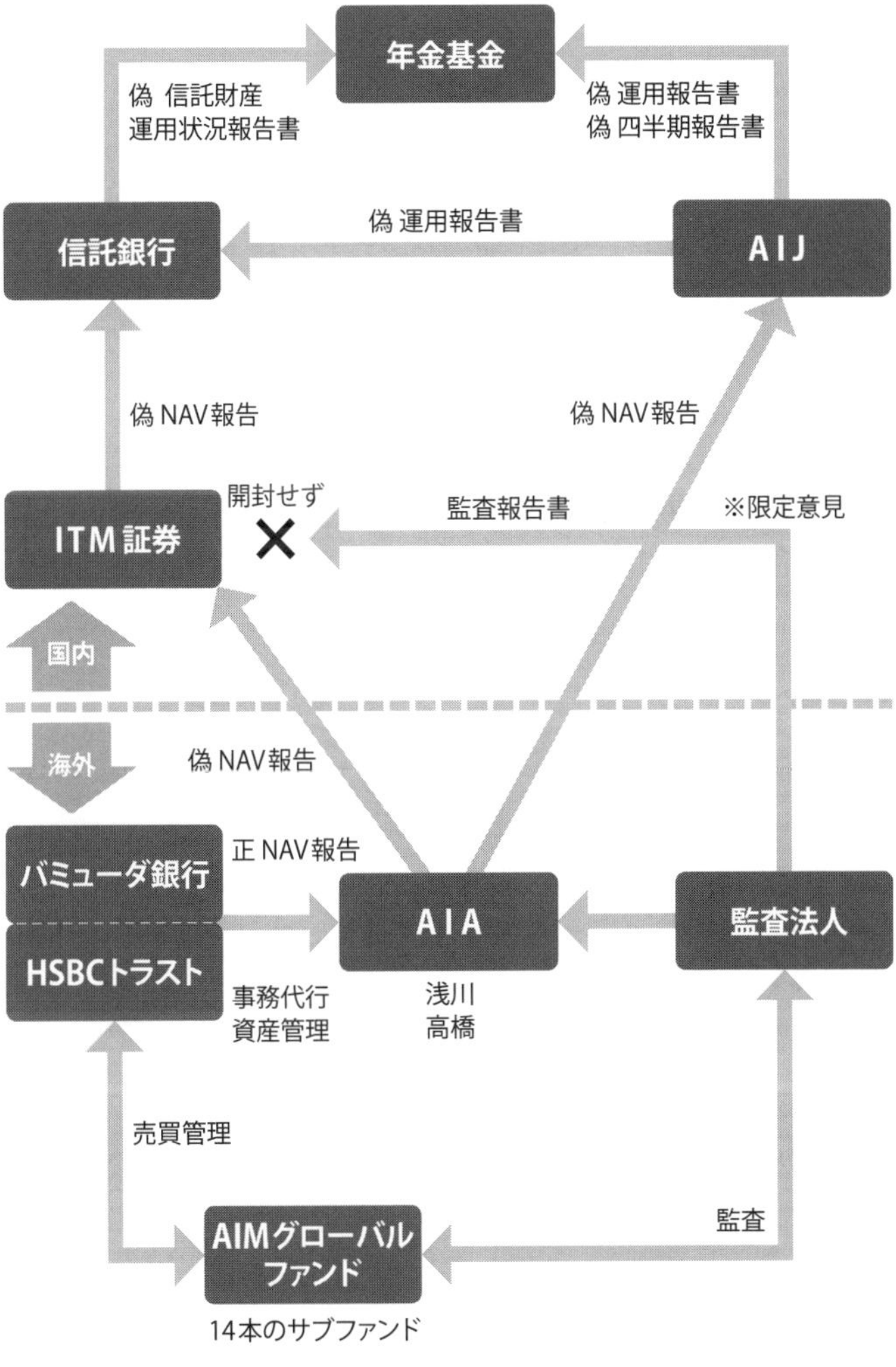
年金基金
偽 信託財産
運用状況報告書
偽 運用報告書
偽 四半期報告書
信託銀行
偽 運用報告書
AIJ
偽 NAV報告
偽 NAV報告
開封せず
監査報告書
※限定意見
ITM 証券
国内
海外
偽 NAV報告
正 NAV報告
バミューダ銀行
HSBCトラスト
AIA
監査法人
事務代行
資産管理
浅川
高橋
売買管理
AIMグローバルファンド
14本のサブファンド
監査

偽NAV（基準価額）報告の流れ

まずは投資事業組合がファンドを買い取って解約金を支払ってしまうという形だった。しかし、1億の価値しかないものを10億と言っていたのだから、買い取るときは10億で買わなければならない。当然、解約が殺到すればたいへんなことになる。

しかし、月末の解約と新規の買いが同じぐらいであれば、自転車操業でもなんとか回らないことはない。新規のほうは1億の価値しかないものを10億で売っているのだから、なんとか釣り合うのである。

内実がこれほどの自転車操業になっていながらも、新規の客がほぼそれに見合うていどあったのだ。

解約以上の新規を集めはじめ、それで運用をしていない、ということになったらこれはまったくのねずみ講で、まさにマドフ事件と同じ構造である。

ただ、ＡＩＪの場合はねずみ講直前の「自転車操業」段階だったのではないだろうか。

第五章

終幕へ

押し寄せるマスコミ

２０１２年2月24日、ＡＩＪ投資顧問の犯罪がついに明るみに出た日のことだ。

ＡＩＪ投資顧問のフロアは混乱していた。

弁護士が顧客にファックスを一斉送信したあと、マスコミの取材陣が8階フロアに殺到した。浅川は金融庁に出頭して不在である。

弁護士が、マスコミを連れて1階まで降り、簡単なコメントを出しただけでは、マスコミは納得しない。顧客の電話ももちろん鳴り止まなかった。

ファックスが流れると、顧客はファックスに書かれた社長室に設置されている直通電話にかけ始めたのか、代表電話が鳴る回数は次第に減っていった。弁護士は電話対応でてんてこ舞いだった。高橋はそのそばで、弁護士の対応内容を逐一メモっていた。

金融庁は、すぐさま投資運用業者２６３社の一斉調査着手を発表していた。

この時点で報道が伝えていたのは、ＡＩＪが１２４の基金から約２０００億の資金を受託し、運用開始以来２４０％の利回りと説明していたが、実際には資金のほとんどを消失したということだった。

「怪しいと思っていた」

「マドフ事件の再来」

さっそくわけ知り顔で解説をはじめる識者、コンサルタントのコメントがネットに躍りはじめる。

トイレに行こうとすると、エレベーターホールにビデオカメラを抱えて座り込んでいる女性記者が極悪犯でも見るように私を睨《にら》みつけた。

その日、金融庁に出頭した浅川からはなんの連絡もなかった。


2日後の日曜。

目をさますと携帯に着信履歴があった。折り返すと9時出社を求める連絡網だった。

その日は東京マラソンが開催されていた。

出社したのは私を含め4人。

運用部の石川は「浅川の指示なら出社しない。今日は予約していたゴルフのレッスンだからそっちに行く」ということだった。もともと浅川とそりがあわなかった人間である。

検査官が押収していない売買記録をすべて集計するようにとの浅川からの指示だった。

売買記録の帳簿は晴海の倉庫に保管されているか、金融庁に押収されたかのどちらかなので、その日社内でできるのは手元に残るわずかな分量だった。

社員に招集をかけたところで、できることはほとんどなにもないのである。

浅川は出社していなかったが、とにかく、少しでもいいから直接話を聞きたかった。運用部からの電話には必ず出ると聞いたので、運用部から浅川の携帯に電話をかけた。

ＡＩＪ投資顧問の社員も、アイティーエム証券の社員もこのままでは顧客に説明もできず、マスコミに追われることになる。顧客にもマスコミにも、答える材料はなにひとつない。一刻もはやく浅川自ら記者会見を開いて、公の場で詳細を話してもらいたかった。

電話がつながった。

「なぜ記者会見を開くなりして詳細を説明しないのですか。いつまでこのままにしておかれるつもりですか」

「お前、嫌ならすぐ辞めてもいいんだぞ」

浅川の低い声がした。

「辞める辞めないの問題ではありません。なぜ詳細を話さないのですか」

「金融庁に止められているんだ」

「本当に売買で損失を出したのですか」

「本当だ」

「いったいどんな売買をすれば、あんな……」

「くわしくはまだ答えられない。1時に弁護士が来る。とりあえず高橋と弁護士に話してくれ」

話はそれで終わった。

アイティーエム証券の営業マンから携帯に電話が入る。みな、まったく情報がなく説明する材料をなにひとつ持たぬまま顧客のもとを回り、お詫《わ》びの行脚を続けているという。

「なぜ浅川はなにひとつ説明してくれないのか」

営業マンたちも憔悴《しょうすい》していた。


1時から、その日出社していた従業員4人と高橋、会計士、そして弁護士が集まった。弁護士は「まだ金融庁の検査が続いている。中途半端な段階で会見をしないほうがいい」と繰り返すだけだった。

高橋は完全に吹っ切れたようすで、淡々と処理をすすめようとしていた。会計士はひとことも言葉を発せず、話はそのまま終わった。

高橋から、月~水の出社は自己判断で、との話があり、そのまま帰宅した。

翌日からの3日間は出社しないことにして、報道で状況を見ていた。少しずつ新しい情報が出てきているようだ。

わかったことは、２００２年運用当初から損失が出ていたこと、公表していた運用利回りが虚偽だったことを認めたということ。虚偽は10年にわたり、解約時に虚偽実勢に基づいた金額で払い戻しをしなくてはならなかったことから、損失がさらに積み上がり、自転車操業に陥っていたという。

私が作成していた四半期報告書の基になった数字がすべて虚偽だったこともはっきりした。この3年間の仕事は、ただ浅川の捏造《ねつぞう》した虚偽の数字を見栄えのいい報告書に仕立て上げるだけのものだったのだ。悔しさと情けなさに体が震えるような思いだった。

水曜も休むつもりだったが、呼び出しがかかって出社すると、集計作業などは運用部で手が足りているようだった。

そのまま週末まで有給休暇をとるうち、さらに報道の内容が少しずつ増えていった。

ＡＩＪ投資顧問の受託資産が２０４３億円であったこと、大半の資産消失の原因は運用の失敗によるもの以外にまだ発見されていないこと、現預金は40億円しか確認できなかったことなどだ。

帳票集計から見えたこと

3月3日、日経新聞に「虚偽運用、3人で」の記事が出た。記事には「浅川氏の説明によると、運用実態を知っていたのは、浅川氏と以前から一緒に仕事をしていた女性取締役と、年金基金に定期的に示す運用報告書の作成責任者」とあった。浅川の説明では、3人めは会計士だったが、記事には「運用報告書の作成責任者」とだけあり、これはおそらく「企画部長」の肩書きを持つ私がマスコミ各社に誤爆されるだろう、と思った。

すぐさま、昼前にはテレビ局の記者が突然自宅を訪れた。

週明け5日に出社すると、企画部の新庄も、3日の記事にピリピリしていた。

「浅川は、3人めは会計士と言ってましたよね。この記事だと企画部が関与していたように見えます。浅川が証言を変えたんでしょうか？」

「記者が勘違いをしてるんじゃないか。中途半端なリークだったのかもしれない」

昼前に晴海の倉庫から帳票が届き、運用部の集計の助っ人に入った。

私はこのとき初めてＡＩＪ投資顧問の帳票を見た。

帳票はファンドごとになっており、すでに主要なファンドの売買記録は金融庁に持ち込まれているので、届いたのは金融庁が持っていかなかった小さなファンドの売買記録だけである。

浅川がいったいなにをしたのか、帳票からわずかでも窺《うかが》い知ることはできないだろうか。帳票に目をこらすが、予想通りこの帳票からはまったくなにも読み取れなかった。わかるのはその日の損益と、未決済のポジション（建玉）の評価損益、そしてファンドの現金残高だ。現金残高は、前日比が記載されているのだが、売買損益はいったん確定すると現金残高のなかに紛れてしまうので、途中で現金の出入りがあった場合、ファンドの損益は帳票だけではわからない。

しかもこの帳票は、おどろいたことにまともな専用プログラムで処理されたものとは思えなかった。ひょっとしたらワープロで作ったのではないかというようなものだ。しかも日によってフォーマットが少し違う。個別の帳票をワープロで再集計しているような印象だった。オング・ファースト証券から日本の複数の証券会社への受注はオートだが、その結果を統合するバックオフィスシステムがきちんとできていないのかもしれない。

そんなことを考えながら作業に取り組んだ。累積売買損益はまったく追えないが、日々の売買実態は理解できる。主要ファンドではないものの、かなりの売買高だったことがわかった。事業報告書に「売買高57兆円」とあった記載だけは間違っていないのではないか。

「裏金スキーム」か「単純な損」か

その日はオング・ファースト証券の2008年10月～11月売買を集計した。ちょうどリーマン・ショック後、日経平均が7000円に迫ったときだ。AIJが売買業者をマン・フィナンシャルグローバルから、オング・ファーストに変更した時期でもある。

翌日は12月～09年3月を集計した。

運用部で集計を手伝いながら、互いに雑談する余裕が少しでてきた。

「なあ、浅川の動機っていったいなんだったんだろう」

私は、浅川を古くから知る運用部の権藤に話しかけた。権藤は不思議なくらい浅川と背恰好《かっこう》がよく似ており「浅川の影武者」と言われていた男だ。

売買損だけでこんな損を、しかも長期にわたって出し続けること自体が信じられなかった私は、別のシナリオも考えられると思っていた。

たとえば、当初から悪用するつもりで、ケイマンにファンドを管理するAIAを設立したのではないか、ということだった。AIAはAIJ投資顧問との間で投資一任契約を結び、実際の運用はＡＩＪが行っているのだが、受託資産の１・５％と成功報酬はＡＩＡに落ちる。この収益をどこかに回していたのではないか？　たとえばアイティーエム証券への増資を行ったとき、またシグナ投資顧問を買収したときなどに関連して、なんらかの裏金を借り入れていた可能性はないだろうか？　損失が出たために、信託報酬だけでは支払いができなくなり、粉飾に手をそめたのでは？　だとすればその裏金を浅川はどこから得たのか。

そうした可能性もなくはないと思えた。金融庁の調査も、そうしたことを念頭においているはずだった。「本当に売買による損だけだったのか」は社会的にも大きな焦点だった。

運用部と壁１枚を隔て、となりには高橋がいる。私は声を低くして権藤にこんな考えをポツポツと話した。

しばらくして、権藤がつぶやいた。

「けっこう単純な話じゃないのかなあ」

「単純って？」

「浅川が運用部の知らないところでとんでもない無理な売買をして、大損を出しただけってこと」

「そう思うか？」

「ああ。浅川の性格を考えたら、そんな複雑な事件じゃあないと思う」

浅川を私よりずっとよく知る権藤の言葉に、私は「たしかにそうなのかもしれない」と思うようになった。

いま運用部で手伝っている帳票の集計は、浅川がわざわざ社員に命じて行わせているものだ。金融庁は「あれば助かるが、まあなくても大きな問題ではない」と言っていたのだ。実際、すでに金融庁が押収した主要ファンドの売買記録の「残りもの」だった。金融庁は、細かい売買記録よりも裏金の流れを疑い、そちらの調査に軸足を置いているように見えた。浅川はわざわざ自分で指示してまで、小さいファンドの売買記録まで残らず集計して金融庁に提出しようとしているのである。浅川は「売買で損をしたのだ」ということを証明したがっている、ということなのかもしれない。

「単純な犯罪だったのかもしれない」

私は次第にそう思うようになっていた。運用の素人だった浅川が単独で巨額の売買損失を出し、NAVの水増しで隠し続けてきた、というあまりにも単純な構図である。

明けて12日の月曜は、金融庁の個別ヒアリングだった。検査官はふたりで、口調は非常に柔らかいが、一定のシナリオに基づいて質問していることがわかる。

入社経緯、浅川との関係、そして四半期報告書の作成プロセス、浅川の代理で行った基金への外交の内容である。ヒアリングは2時間。翌日には内容が書類にまとめられており、確認してサインすることを求められた。

テレビでは浅川が国会の参考人招致を「金融庁の調査への対応のため多忙である」として拒否したと伝えていた。

招致されていたのは翌14日だった。6時半に出社するとすでに照明が全部ついていた。社長室のエアコンがオンになっている。2月23日以来、まったく会社に現れなかったのだがこの日に限って出社している。

「マスコミのいない時間を狙ってきたのか」

「会社で陣頭指揮し、調査の協力をしていることへのアリバイ作りのつもりか」

怒り以前に、浅川が哀れにさえ思えた。

この日で全員のヒアリングは終了し、社員たちは誘いあって近くの安い居酒屋で飲んだ。誰もが疲れ果て、笑顔はない。誰が口を開いても、話題は浅川のことしかなかった。

「だけど……どうして」

「それにしてもなぜそんな金額を」

出てくるのはそんな虚《むな》しい言葉の繰り返しばかりだった。

浅川はそのまま会社にひとりで残りそのまま泊まりこんだようだった。

解雇、そして強制捜査

3月17日、出社すると運用部の石川がやってきた。

「浅川が8時半から全員に説明すると言ってる」

2月23日以来のことである。「いまさら」と思う気持ちが先立ったが、隣席の新庄に「とりあえず聞きましょう」と言われて会議室に行った。

席があるものは座り、椅子が足りないものは立ったままだった。みな、しんとしていた。浅川はいつもの席に座り、弁護士も同席している。

「業務停止は23日に終わる。勧告と同時に処分を受けることになる。免許取り消しで会社は清算に向かう。昨日から監視委員会特別調査課が入り、いろいろ聞かれているところだ。みんなには、23日までの検査協力とその後の清算手続きに協力して欲しい」

謝罪の言葉はひとこともない。

「マスコミはファンドの仕組みを全くわかっていないんだ。いいかげんなことばかりおもしろおかしく書いているけど、信託報酬のネコババは一切無いし、横領もない。売買損以外なにもない。それは間違いない。ＮＡＶ（基準価額）の水増しをしていたということだ」

浅川は淡々と続ける。

「ＡＩＪとＡＩＡの収入累計は26億円。ＡＩＪの営業収益はアイティーエムが受け取る販売手数料３％のうち０・５％のキックバックだけだ。アイティーエム証券の収入累計は27億円。アイティーエムのほうが多いんだ」

「容疑はあくまでも金融商品取引法上の偽計。当初から知っていたのは浅川・高橋・会計士の３名。会計士には最近打ち明けて、事情は詳しく説明せず協力してもらっていた。西村には1月から始まった検査の内容は逐一知らせていた」

浅川に悪びれた様子はまったくなかった。外交の予定でも話すような口ぶりである。

「従業員には退職金などでできる限り報いるつもりだから」

これについてだけは、弁護士がさえぎった。

「それは残余財産の適切な分配という観点から問題があります。１ヶ月の解雇予告手当を出し、即日解雇という形を検討していますが、これもまだ検討中です」

浅川がさらに話しつづけた。

「自分で営業していた当初は良かったんだ。出来の悪い営業マンを抱えたことで苦労して、それが結局改ざんにつながったということだ」

アイティーエム証券の社員が聞いたら憤死しただろう。


最後まで、浅川からはひとことの謝罪もなかった。

浅川は従業員にはなにひとつ悪いことをしたつもりはないようだった。

夕方、浅川は社員を再び集めると、23日には監視委員会の検査結果が発表され、強制捜査に移行し、自分は特別調査課に身柄を押さえられる公算が高いことを伝えた。

「21日に従業員全員に即日解雇の通知を出す。強制捜査が入れば全部持っていかれる。身の回り品は早く持ち帰ってくれ。顧客清算業務は免許取り消し後もできる。ＡＩＡの清算は会計士が行う。顧客への連絡だけ、手伝ってほしい。頼んだぞ」

運用部は、頼まれた照合作業の残りをその日のうちに残業で片付けるつもりらしかった。

浅川はその作業が終わってから、残った社員にまたいつものようにこう声をかけた。

「よし、ちょっと行くか」

ねぎらうつもりだったのだろうか。この期におよんでなにが「ちょっと行くか」だが、このあたり浅川らしいといえば浅川らしい。それでも数人の社員が従ったという。

3月21日。

8時半に集合がかかり、解雇通知が読み上げられた上で、ひとりひとりに手渡された。高橋が離職票を手に各自の席を回って、サインを求めた。

16時半頃、ICカードを返却して会社を出る。もう、このオフィスに来ることは無いと思うと不思議な感覚に襲われた。安心・不安・安堵《あんど》・後悔・反省・思い出、なんとも表現できない感覚である。

私は無職になった。失業保険をもらうための離職票、1ヶ月の解雇予告手当。それだけが手元に残った。

証人喚問

3月23日。1ヶ月の業務停止期間終了。同時に検査結果通知と金融庁からの勧告。予定通りのシナリオに沿って強制捜査が開始される。アイティーエムには6ヶ月の業務停止命令が下る。

6時40分ごろ、強制捜査官が続々と日本橋の雑居ビルの中に入っていく。遅れて段ボールが運びこまれる。繰り返し同じ映像がテレビから流れる。先日まで、働いていた場所で、今まで他人事《ひとごと》だと思っていたシーンが目の前で何回も繰り返し流れる。

3月27日。衆院財務金融委員会、浅川等を参考人招致。

4月3日。参院財政金融委員会、浅川等を参考人招致。

4月13日。衆院証人喚問。浅川、高橋、西村、石山を証人喚問（高橋は入院中のため欠席）。

4月24日。参院証人喚問。浅川、西村を証人喚問。

衆参の参考人招致、証人喚問は4回に及んだ。

私はすべてを録画し、メモをとりながら何度も聞き直した。

4回の証人喚問で浅川はただひたすら「だまそうと思っていない」「一生懸命やった」「取り戻せると思っていた」という主張を繰り返した。

「立ち止まって考えると大変申し訳ないことをしたと思っている」

「走っている間は悪いことをしているという認識は全く無かった」

テレビの画面で見る浅川は、ふてぶてしくも思えたが、いつもより心なしか小さく見えた。説明の内容がわかってもらえないことに小首をかしげ、ときに頷《うなず》く様子は、起きたことの重大さに気付き怯《おび》えているようにも見えた。

「虚偽ではない。数字の水増しだ」

「横領、私的流用はぜったいにしていない」

この点の否定は強硬である。

「取り戻そうとしたんだ」

それだけを訴え続けている。

西村の関与、会計士の関与については彼なりにかばおうとしているようだった。

ただ、西村が正しい監査報告書を過去に見たことがあり、別の社員が見たときにも内容については報告されなかったこと、まったく実態に気付いていなかったという部分については、やはり疑問が残った。

「浅川に言われたので監査報告書は開封せず届け続けた」という供述は何回聞いても不自然だ。

浅川は、西村に対しても粉飾を隠そうとしていたが、おそらく西村にあてていどは気付かれていた、と感じていたのではないか。これは私の想像にすぎないのだが。

西村がほんとうに粉飾に気付いていなかったかどうか、それはまだわからない。浅川の完全な支配下にあったアイティーエム証券の社長として、彼がなにをすべきだったのか、なにができなかったのか。それはこれからの捜査で明らかになるだろう。

画面の西村は、いつもどおりの様子に見えた。細面、白髪で物静かな印象は変わらなかった。

西村の趣味は「食べ歩き」だった。彼のブログ「銀髪グルメ紀行」はすでに閉鎖されているが、ブログは事件発覚の前日まで更新されていた。現在もウェブ上には過去の投稿が残っている。口コミサイトとして有名な「食べログ」にも多くの投稿を残していた。

西村の「自己紹介」にはこう書かれている。

「ダンディに振る舞おうとしても、様になっていない。

ハードボイルドを気取っても、弱虫なのはすぐにバレる。

笑顔が可愛いと言われるにはまだ少しばかり若い。これからの残り少ない（？）人生を美味《おい》しい食事、旨《うま》い酒と共に過ごしたいものだ」

彼はなにから目をそむけていたのだろう。見えていても見えないふりをして、食べ歩きにいそしんでいたのだろうか。そうであったとしたら、いくら支配下にあったとはいえ、販売会社としての責任はとてつもなく大きい。

衆院でも参院でも、浅川は「だますつもりはなかった」「取り戻せると思った」を繰り返した。

これは損をさせた個人投資家相手に営業マンが最後に吐く言葉である。浅川にとって年金基金は個人投資家となんら変わりはなかったのだ。運用ではなく営業として投資顧問業を営んでいた。そんな人物が海外私募投信運用という大きすぎるおもちゃを手にしてしまったのだ。

録画した証人喚問を見るのはもう三度目になる。

本当にこの人は馬鹿だと思った。天才と馬鹿は紙一重だとも言う。

ＡＩＪ投資顧問に検査に入っていた主任検査官も同じようなことを言っていた。

なぜ、自分は気付かなかったのだろう。運用経験が邪魔になっていたのかもしれない。

正直、ＡＩＪのパフォーマンスは世間がさわぐほど大してよくないと思っていた。「これくらいプロなら当然。少ないほどだ」と。

結局、浅川が営業馬鹿だったように、私も単なる運用馬鹿だったのである。

数字と金

6月19日。ＡＩＪの浅川、高橋、アイティーエムの西村、小菅が詐欺容疑で逮捕された。同じ日、私の自宅にも4人の捜査員が訪れた。警視庁刑事部捜査課から2名、東京地検特捜部から2名。パソコンや会社から持ち帰っていた営業資料、事件関係の記事をファイルしたものなどをすべて押収していった（幸い、執筆中だったこの原稿はクラウドに保存されていたので難を逃れた）。

アイティーエム証券の社員宅も同様で、その後はずっと任意の事情聴取が続いた。

そして拘留期限ぎりぎりの7月9日。浅川、高橋、西村の3人を詐欺容疑で起訴、小菅を起訴留保。同日、浅川、高橋、西村、小菅は、別の基金に対する詐欺容疑で再逮捕。偽計を調べていた証券取引等監視委員会は、浅川、高橋、西村の3人と法人としてのＡＩＪ投資顧問を金融商品取引法違反容疑で東京地検に告発して捜査を終了した。

詐欺被害を受けたとして立件されたのは、12年8月現在、以下6基金、立件金額は合計100億円である。

アドバンテスト企業年金基金
長野建設業厚生年金基金
ホンダ販売厚生年金基金
大日本印刷企業年金基金
日本鉄リサイクル工業厚生年金基金
全国産業廃棄物厚生年金基金

資産の8％にあたる約17億円の運用をＡＩＪ投資顧問に委託したアドバンテスト企業年金基金のホームページにはこうある。

本日（平成24年2月24日）、ＡＩＪ投資顧問に関する報道について事実確認を急いでおりますが、現時点では確認ができておりません。従って損益等への影響も明確にはできませんが、アドバンテスト企業年金基金のＡＩＪ投資顧問への投資残高は約17億円であり、

当基金資産総額に占める割合は約８％であります。事実確認ができた時点で詳細を速やかにお知らせいたします。

2月24日　アドバンテスト企業年金基金

2月24日、ＡＩＪ事件が明るみに出た日からこのままになっている。

なぜ、こんなことになるまで、私たちは気付くことができなかったのか。

私が営業に同行した基金もあった。

ある基金の常務理事はほんとうに研究熱心だった。相場についても一家言を持ち、いつも最後は相場についての議論になったものだ。

四半期報告や収益の源泉についても、詳しく知りたいと何度も言われたが、私は「ＡＩＪの売買高が大きくその運用内容を詳しく公開することはできないけれど、どうか安心してほしい」と一生懸命説明して、納得してもらったのだ。

私が作成した四半期報告書の説明を読み、安心して新規契約をしてくれた基金、解約を思いとどまってくれた基金はほかにもあったはずだ。

浅川の水増しした数字に基づくものだったことを、私が知らなかったといっても、許してもらえるものではない。

ＡＩＪ投資顧問にとって、浅川にとって、年金基金はまさに「カモ」そのものだった。年金の受給者たるサラリーマンの金をあずかっている、という意識はこの会社のどこにもなかった。

浅川が見ていたのも、アイティーエムの営業マンが見ていたのも「厚生年金基金の理事たち」という「顧客」だった。彼らを納得させればそれでよかったのだ。

もちろん私もそうだった。四半期報告書を書きながら、浅川の営業に同行しながら、見ていたのは結局年金基金の理事たちの顔色で、うるさいコンサルタントだった。

その年金基金の専従者である常務理事たちさえも「加入企業の従業員たちの顔」などまともに見てはいなかったのではないか。自分たちが勤めているのは「年金基金」という「会社」で、しかも常務理事の多くが社会保険庁のＯＢだった。年金基金の運用損益だけは心配していたが、しょせん「自分の会社の金でも」「部下たちの金」でもない。もちろん彼ら自身が老後に手にする共済年金の心配は無用であった。

私は、ＡＩＪ投資顧問を解雇されたあと、自分が生きてきた証券業界、金融業界をあらためて見つめなおした。

少なくとも私が生きてきた世界は、年金基金の向こう側にいる普通の人々の常識とはズレていたのかもしれない。

この事件の主犯は明らかに浅川という男だった。損失を認められない子供じみたプライドが、それをひた隠す悪魔のスキームを作り出してしまった。

浅川のトレーダーとしての態度は許せない。得をするときもあれば損をするときもあるのが運用である。リスクを最小限に食い止めることが、本当のプロの腕前だ。つねに冷静に、ポーカーフェイスで……。それが私の運用のプロとしての矜持だった。

浅川のやったことは、運用の冒瀆《ぼうとく》である。しかしどんなに偉そうなことを言ってみたところで、私自身も浅川の犯罪に加担していたという事実は消えない。彼の犯罪を見抜けなかった間抜けな男でしかない。

彼の犯罪の温床となり、それを長く続けさせた背景は数多く指摘されている。

年金制度そのものの欠陥、代行制度という問題、信託銀行と監査体制の問題、社保庁Ｏ

Ｂの天下り問題、コンサルタントの役割、金融リテラシーの問題、さらに細かく挙げれば、20個くらいはすぐに思いつく。

　はからずも、ＡＩＪ事件があぶりだしてしまった問題は、あまりにも根が深く、大きい。しかし、それは今、私が指摘すべき問題ではないだろう。


　５月21日、日本中が金環食にわいていた日、私はコンビニのレジに立っていた。もはや会社は影もかたちもなく、浅川の逮捕は間近だった。

　証券業界で仕事をしていた私の前を、数億、数十億という数字が果てしなく流れていった。しかしその数字はどれひとつとして「お金」という実態を持った数字ではなかった。記号としての数字がただ流れていっただけなのだ。

　浅川もそうだったのだろうか？　今、浅川は何を思っているのだろうか？　今でも「もう一度チャンスがあれば取り戻せたのに」と思っているのだろうか。

　浅川は証人喚問の中で、「もうやめたいと思ったことがある」といっていた。「水増しを」ではなく、「運用をやめたいと思った。運用は苦しいと思った」と。

　彼は、隙間なく埋めたスケジュールの中で、ただ、数字に怯えていたのだろうか。

私は、生まれて初めて「時給８００円」の価値をかみしめながら、金環食観察用のメガネを売り続けていた。

証人喚問で答える浅川和彦　Motoo Naka／アフロ

1994年	浅川和彦　野村證券退社。外資系のペイン・ウェーバー証券に転職
1996年	浅川　一吉証券に転職
2000年12月 8 日	株式会社AIJ設立
2001年	ケイマンにAIA設立
2002年 5 月	AIAが私募投信エイム・ミレニアム・ファンド運用開始
2002年 9 月	エイム・ミレニアム・ファンドからアイティーエム証券に出資
2003年 5 月	年金資産受託開始　初の顧客は東日本文具販売厚生年金基金、CSK企業年金
2004年 7 月	AIJ投資顧問、一任業者となる
2009年 5 月	筆者、AIJ投資顧問に就職
2012年 1 月23日	証券取引等監視委員会の検査開始
2012年 2 月24日	運用資産2000億の大半消失が判明。1ヶ月の業務停止命令
2012年 3 月21日	従業員を全員即日解雇
2012年 3 月23日	証券取引等監視委員会、AIJ投資顧問を強制捜査
2012年 3 月23日	アイティーエム証券9月22日までの業務停止命令
2012年 3 月27日	衆院財務金融委員会　浅川、西村、石山勲（東京年金経済研究所）を参考人招致
2012年 4 月 3 日	参院財政金融委員会　浅川を参考人招致　西村、石山、栃木県建設業厚生年金基金理事長を参考人招致
2012年 4 月13日	衆院財務金融委員会　浅川、高橋（欠席）、西村、石山を証人喚問
2012年 4 月24日	参院財政金融委員会　浅川、西村を証人喚問
2012年 6 月19日	浅川、高橋、西村、小菅、2基金に対する詐欺の容疑で逮捕、勾留
2012年 7 月 9 日	浅川、高橋、西村起訴
2012年 7 月 9 日	浅川、高橋、西村、小菅、4基金に対する詐欺の容疑で再逮捕
2012年 7 月30日	浅川、高橋、西村を金融商品取引法違反で追起訴

おわりに

書き始めてみたものの、本書の刊行を決断するまでに相当思い悩んだ。事件の動機・原因はいずれ当局によって解明されるだろう。わざわざ身内だった私が、浅川や同僚たちの恥部を晒《さら》す必要があるのか。事件のほとぼりが徐々にさめつつある中で、あえて問題を掘り起こす必要があるのか。書きながら何度も自問自答した。

それでも、あえて刊行に踏み切ったのは、事件の内部者としての道義的責任を感じたからだ。なぜ事件を防げなかったのかという自分自身への悔悟と、事件を長期化・巨大化させた原因のいくつかでも、せめて正しく伝えなくてはならないという使命を感じたからだ。

このあとがきを書いているさなか、私は警視庁の事情聴取を受けた。扱いは参考人だが、いつ何時重要参考人になるかもしれないという強いプレッシャーを感じさせる聴取である。結局、それは3日間、のべ12時間におよんだ。

「あなたね、プロなんでしょ？　なんでおかしいと思わなかったの」

「あなたは、浅川の言うことを頭から信用していたわけ？」

「どうせこのことも、本に書くつもりだろう？」

些細《ささい》なことも見逃すまいと、私の書きかけの原稿も隅々まで読み込んでいるようだった。事情聴取の中で、改めて、犯罪の間近にいながら浅川の不正に気づかなかった最大の原因が、自分の傲慢《ごうまん》さにあったことを思い知らされた。自分ならあの程度のパフォーマンスは出せるに違いないという勝手な思い上がりである。

私はＡＩＪ投資顧問による巨額年金消失事件の渦中にいたわけであり、その事実からは一生逃れることはできない。ハローワークに行って履歴書にＡＩＪという社名を書いた瞬間に、係の人の見る目が変わる。役所の届出にしても、銀行の手続きにしてもそうだ。これから、なにか行動を起こそうとするたびに、ＡＩＪにいた事実を根掘り葉掘り、事情聴取のように問い詰められるだろう。

ＡＩＪ事件を長期化・巨大化させた構造問題は根が深い。今の日本は粉飾・先送りの構造だらけだ。残念ながら、今回はこの構造問題については書ききることができなかった。厚生年金基金は代行制度というひずみがあり、ＡＩＪ事件によりさらにその傷口を広げてしまった。だがそれだけではない。実は厚生年金本体も非常に多くの問題を抱えている。

私の人生は、もう終わってしまっているのかもしれない。しかしＡＩＪの内部にいた人間として、あえてこの構造問題に取り組んでいくことが、私の残された人生にとってなにかしらの意味があるのではないかと思っている。

九条清隆（くじょう　きよたか）
1958年生まれ。本名・国宗利広。早稲田大学政治経済学部卒業後、81年に野村證券入社。85年、米国コーネル大学経営大学院に留学し、ＭＢＡ取得。帰国後、エクイティトレーディング部長などを務める。2006年、野村證券を退社し、みずほ証券入社。グローバルエクイティトレーディング統括部長を務める。08年、みずほ証券を退社。09年、ＡＩＪ投資顧問入社、企画部長に。12年、ＡＩＪ事件発覚に伴い解雇。

構成／小幡恵

巨額年金消失《きょがくねんきんしょうしつ》。ＡＩＪ事件《じけん》の深《ふか》き闇《やみ》

平成二十四年八月三十一日　初版発行

著　者――九条清隆《くじょうきよたか》

発行者――井上伸一郎

発行所――株式会社角川書店
〒一〇二―八〇七八　東京都千代田区富士見二―一三―三
電話／編集　〇三―三二三八―八五五五

発売元――株式会社角川グループパブリッシング
〒一〇二―八一七七　東京都千代田区富士見二―一三―三
電話／営業　〇三―三二三八―八五二一
http://www.kadokawa.co.jp/

印刷所――大日本印刷株式会社

製本所――大日本印刷株式会社

ISBN 978-4-04-110279-4　C0095